180
ORACIONES PODEROSAS PARA ORAR POR TUS HIJOS

ORIGEN

180 ORACIONES PODEROSAS PARA ORAR POR TUS HIJOS

Primera edición: julio de 2025

© 2025, Penguin Random House Grupo Editorial USA,
LLC 8950 SW 74th Court, Suite 2010
Miami, FL 33156 Publicado por ORIGEN,
una marca registrada de Penguin Random House Grupo Editorial.
Todos los derechos reservados.

Diseño de cubierta: Marcos Quevedo

A menos que se indique lo contrario, todas las citas bíblicas son tomadas de la Santa Biblia, NUEVA VERSIÓN INTERNACIONAL® (NVI®) © 1999, 2015 por Biblica, Inc.®, Inc.®. Usado con permiso de Biblica, Inc.® Reservados todos los derechos en todo el mundo. Otras versiones utilizadas: Versión Reina-Valera 1960 © Sociedades Bíblicas en América Latina, 1960. Renovado © Sociedades Bíblicas Unidas, 1988 (RVR1960); La Santa Biblia, Nueva Traducción Viviente, © (NTV) Tyndale House Foundation, 2010. Todos los derechos reservados; Palabra de Dios para Todos (PDT) © 2005, 2008, 2012 Centro Mundial de Traducción de La Biblia © 2005, 2008, 2012 Bible League International y Dios Habla Hoy (DHH) Dios habla hoy ®, © Sociedades Bíblicas Unidas, 1966, 1970, 1979, 1983, 1996. Nueva Biblia de las Américas™ (NBLA)™ Copyright © 2005 por The Lockman Foundation. Traducción en lenguaje actual (TLA) Copyright © 2000 by United Bible Societies. La Biblia de las Américas (LBLA) Copyright © 1986, 1995, 1997 by The Lockman Foundation.

Penguin Random House Grupo Editorial apoya la protección de los derechos de autor. Los derechos de autor estimulan la creatividad, fomentan la diversidad de voces, promueven la libertad de expresión y crean un ambiente cultural vivo. Gracias por comprar una edición autorizada de este libro y por cumplir con las leyes de derechos de autor al no reproducir, escanear ni distribuir cualquier parte de este en cualquier forma sin permiso. Está apoyando a los escritores y permitiendo que PRHGE continúe publicando libros para todos los lectores. Ninguna parte de este libro puede ser utilizada ni reproducida de ninguna manera con el propósito de entrenar tecnologías o sistemas de inteligencia artificial.

Impreso en Colombia / *Printed in Colombia*

ISBN: 979-8-89098-210-0

LISTA DE TEMAS

INTRODUCCIÓN 9

ORACIONES PARA TU HIJO
ANTES DEL EMBARAZO 11

ORACIONES PARA TUS HIJOS
CUANDO ESTÁS EMBARAZADA 17

ORACIONES PARA TU HIJO
DURANTE Y DESPUÉS DEL PARTO 29

ORACIONES PARA TODA LA FAMILIA 41

ORACIONES PARA EL RECIÉN NACIDO 51

ORACIONES PARA EL NIÑO PEQUEÑO 59

ORACIONES PARA EL NIÑO ESCOLAR 83

ORACIONES PARA EL ADOLESCENTE 123

ORACIONES PARA EL HIJO JOVEN 159

ORACIONES PARA UN HIJO ADULTO 173

ORACIONES DE LA ABUELA
PARA SU NIETO 187

ORACIONES CUANDO SE PIERDE
UN HIJO 201

ORACIONES FINALES 207

INTRODUCCIÓN

Como mujeres podemos sentirnos exitosas en muchas áreas profesionales o domésticas. Tengo amigas que exceden toda expectativa en sus profesiones o en el cuidado de su hogar. Sin embargo, me parece que cualquier mujer que sea madre, y que sea honesta consigo misma, llegará a la misma conclusión que yo.

Si bien podemos acumular logros y trofeos, diplomas y menciones honoríficas en diversas áreas, en el arte de la maternidad solemos enfrentar constantes fracasos y resbalones; siempre hay algo más que podemos hacer; de hecho, también en muchas ocasiones nos arrepentimos de cosas que decimos o no expresamos.

Toda madre necesita ayuda. Ayuda de su pareja, de sus padres, de su círculo de amigos. Pero en el arte

INTRODUCCIÓN

de criar a un ser humano, se requiere ayuda sobrenatural. Necesitamos a Dios. Requerimos de unos hombros más anchos que los nuestros que carguen a toda la familia; oídos más atentos que se preocupen por el cólico del bebé y del adolescente rebelde; brazos tiernos que nos abracen en el día de dolor y que festejen con nosotros en las celebraciones.

Acudir a Dios en oración es lo más sabio que toda madre puede hacer. Por eso, te invitamos a orar junto con nosotros durante ciento ochenta días, en un ejercicio de humildad y dependencia, de alabanza y adoración, de búsqueda y encuentro. Doblemos las rodillas, inclinemos la cabeza, alcemos las manos, dejemos que las lágrimas corran o la risa refresque: Dios oye la oración de una mamá que quiere guiar a sus hijos para que hagan su voluntad.

Con esa promesa en mente, pidamos a Él la ayuda que tanto necesitamos.

ORACIONES

para tu hijo antes del embarazo

Tú nos conoces

Antes que te formara en el vientre, te conocí.
Jeremías 1:5ª (RVR60)

Señor, nuestras vidas no pueden leerse como un periódico, sino como una novela, donde hay un desarrollo del personaje y una trama; donde cada párrafo es esencial para entenderla. Si yo escribiera una historia, mucho antes que el lector se sentara y comenzara el primer párrafo, incluso antes que yo escribiera la primera palabra, crearía el personaje en mi mente. ¿Es así cómo lo haces tú? Tu palabra dice que antes que nosotros te conozcamos, tú ya nos conoces. Este pensamiento me resulta profundo y conmovedor. Tú, Señor, eres el centro de la existencia de este bebé que espero, ya que estuvo primero en tu mente. Por esa razón, gracias. Gracias por conocernos antes de nosotros conocerte a Ti.

Promesa de vida eterna

Habrá siempre enemistad entre ti y la mujer, y entre tu descendencia y la de ella. El descendiente de la mujer te aplastará la cabeza, mientras tú solamente le morderás el talón.

Génesis 3:15 (NTV)

¡Qué hermosa promesa diste cuando la mujer y el hombre pecaron! Tu gracia y misericordia fueron evidentes pues cuando estábamos en lo más bajo, tu gracia nos atrapó. Prometiste que un hijo de Eva aplastaría a Satanás. Ese hijo es Jesús. Tu fidelidad es impresionante, Señor. En los momentos más oscuros, tu luz brilla. En los pozos más hondos, tu mano nos alcanza. Ciertamente el bebé que traigo hoy en mis entrañas vendrá a este mundo pecador, pero te agradezco porque gracias a Jesús hay esperanza para Él. ¡Vida eterna! Que mi bebé experimente tu gracia y tu perdón. Amén.

ORACIONES PARA TU HIJO ANTES DEL EMBARAZO

Dios se acuerda de mí

Y se acordó Dios de Raquel, y la oyó Dios, y le concedió hijos.

Génesis 30:22 (RVR60)

¡Gracias por acordarte de mí y conceder que cargue un bebé en mi vientre! Señor, realmente no es porque antes te hayas olvidado de mí. Tampoco lo hiciste con Raquel. Cuando en tu palabra dice que te «acuerdas», es una manera de expresar tu amor y compasión para los tuyos. En otras palabras, tú jamás nos olvidas. Jamás nos abandonarás. Te acuerdas al mostrarnos, una vez más, tu misericordia y concedernos los deseos del corazón. En este caso, me has dado algo que anhelé muchas veces y durante muchos años: un bebé. Te alabo y bendigo por darme la promesa y la oportunidad de ser madre. Te doy gracias porque he podido concebir. ¡Mil veces gracias!

Dios nos aparta

Antes que nacieras, te santifiqué.
Jeremías 1:5b (RVR60)

Padre, me acuerdo de las veces que no me eligieron en el equipo de voleibol o de fútbol. Pero a Jeremías le dijiste que tú lo habías santificado, es decir, lo apartaste para ti. Lo escogiste para tu equipo antes que naciera. No esperaste a que naciera para entonces decidir si lo querías contigo o no, si valía la pena o no. Tú, Señor, lo elegiste desde antes. Nuevamente, este pensamiento me resulta asombroso y demasiado grande. Sin embargo, lo creo, y por eso mismo, aparta para ti a mi bebé antes que nazca. No deseo nada mejor para este bebé que el que sea parte de tu equipo. Amén.

ORACIONES
para tus hijos cuando estás embarazada

ORACIONES PARA TUS HIJOS CUANDO ESTÁS EMBARAZADA

Un Dios que da

Antes que nacieras… te di por profeta a las naciones.
Jeremías 1:5c (RVR60)

Dador de vida, dador de toda buena dádiva, tú eres un Dios que da. Eres muy generoso, abundantemente generoso. Dice tu palabra que antes que Jeremías naciera, ya le habías dado por profeta. No estamos en esta tierra para recibir, sino para dar. Yo, como madre, doy vida y nutro a este bebé en mi vientre. Me doy a mis hijos y a mi esposo. Encuentro el sentido de mi existencia en mi servicio a los demás. Del mismo modo, tú estás preparando a este bebé para un propósito especial, donde dará de sí para el beneficio de otros. Prepárame para ser una madre que ponga el ejemplo del servicio a mi hijo cuando nazca. Ayúdame a no vivir para mí misma, sino para ti, y por consecuencia para los demás. Y, del mismo modo, permite que mi bebé llegue a este mundo para marcar la diferencia. Amén.

El ultrasonido

Porque tú formaste mis entrañas; tú me hiciste en el vientre de mi madre.

Salmos 139:13 (RVR60)

Dios Creador, en cada visita al ginecólogo experimento un asombro indescriptible. Cada ultrasonido es una revelación de tu poder. Puedo ver en esas imágenes que se adentran a mi vientre el milagro de la vida. El salmista, a pesar de no contar con tanta tecnología, lo comprendió bien. Tú eres quien crea las delicadas partes internas de mi bebé. Tú entretejes un niño dentro de mí. Ya en la quinta semana empieza a desarrollarse el cerebro de mi bebé. En la semana 19 comienza a oír y se mueve de forma más activa. En la semana 27 madura el sistema nervioso y aumenta su tamaño. En la semana 35 ya tiene patrones de sueño. ¡Cuánta exactitud! Gracias, Señor, por el milagro de la vida.

El Dios que me ve

A partir de entonces, Agar utilizó otro nombre para referirse al Señor, quien le había hablado. Ella dijo: «Tú eres el Dios que me ve».

Génesis 16:13 (NTV)

Padre, estoy pasando por un desierto financiero, emocional, físico y espiritual. Llevo un bebé en mis entrañas que depende de mí y yo me siento desfallecer. Me siento abandonada. No hay nadie a mi alrededor. Pero, así como tú oíste la aflicción de Agar cuando, embarazada de Ismael, huía de Sara en el desierto, del mismo modo, posa tus ojos sobre mí hoy. Ayúdame a dar a luz a este bebé y multiplica su descendencia. Que sea un ser humano fuerte y que, a diferencia de Ismael, te busque solo a ti. Eres el Dios que ve. Pon tus ojos hoy sobre nosotros, príncipe de paz.

La importancia de los nombres

Pero no la conoció hasta que dio a luz a su hijo primogénito; y le puso por nombre Jesús.

Mateo 1:25 (RVR60)

Padre, entiendo la importancia de los nombres. Los nombres significan algo. No solo designan a una persona, sino que también los llama a ser lo que todavía no son. Al decidir el nombre que daré a mi bebé, te pido sabiduría. Danos, a mi esposo y a mí inteligencia para elegir no solo un nombre bonito que suene bien, sino un nombre que hable de los deseos que albergamos para su futuro. Que su nombre sea una marca de su carácter o su personalidad, o tal vez una forma de llegar a conocerte. Danos el nombre perfecto para este bebé. Amén.

La importancia de un niño

Y dará a luz un hijo, y llamarás su nombre Jesús, porque Él salvará a su pueblo de sus pecados.
Mateo 1:21 (RVR60)

Jesús, viniste al mundo como un niño y, por lo tanto, sé que ningún niño es solo un niño más. Cada uno es una criatura especial en la que intentas hacer algo grande. Mi bebé no es solo el producto de mis genes, sino también imagen y semejanza tuya. Por eso, a ti que ya sabes de antemano el destino y futuro de mi bebé, encomiendo esta pequeña vida. Ahora que moldeas cada parte de su cuerpo, trabaja también desde ahora en su corazón. Que mi bebé, al crecer, siga tu camino y te conozca, pues no hay nada más importante. Y gracias, Jesús, porque desde que fuiste concebido, se declaró tu misión: librarnos de nuestros pecados. Gracias a ello, hoy puedo dirigirme a ti y pedir por mi bebé.

Dentro del vientre

Y los niños luchaban dentro de ella; y dijo: Si es así, ¿para qué vivo yo? Y fue a consultar a Jehová.
Génesis 25:22 (RVR60)

Dios, que todo lo ves, tus ojos pueden ver dentro de mi vientre y saber qué ocurre con mi bebé. No solo lo has formado ahí, sino que estás atento a su crecimiento y desarrollo. Yo, en cambio, ignoro cómo está o qué sucede. A veces tengo miedo. Mi preñez ha sido más complicada de lo que creí. Recuerdo que Rebeca, la esposa de Isaac, también tuvo un tiempo difícil. ¿Y qué hizo? Te consultó a ti. Quiero imitarla. Así que acudo a ti. Si bien no entiendo mucho, te pido que cuides de mi bebé en estos días. Que todo esté bien y mi embarazo llegue a buen término. Amén.

Aborto espontáneo

Pero ¿qué motivo tengo para ayunar ahora que ha muerto? ¿Puedo traerlo de nuevo a la vida? Un día yo iré a él, pero él no puede regresar a mí.
2 Samuel 12:23 (NTV)

Dios Omnipotente, me siento tan triste. He perdido al bebé que anidaba en mi vientre. No ha llegado a término por razones fuera de mi control. Mi corazón se desgarra y siento que nadie me comprende. Muchos quieren que siga mi vida como si esto no hubiera sucedido, pero la realidad es que yo ansiaba este bebé. Era para mí, desde ya, mi hijo. Solo tú puedes consolarme pues conoces mi corazón. Te pido que pueda llevar a cabo mi proceso de duelo, que encuentre una consejera que me acompañe en estos momentos duros y que me consuele en tu Palabra. Como dijo David cuando murió su bebecito: «Un día yo iré a él». Gracias por esa promesa.

Ojos privilegiados

Tus ojos vieron mi cuerpo en gestación: todo estaba ya escrito en tu libro; todos mis días se estaban diseñando, aunque no existía uno solo de ellos.

Salmos 139:16 (NVI)

Dios Soberano, tú que controlas el universo entero, te alabo porque también estás al tanto de las cosas tan pequeñas como un bebé en gestación. Gracias porque desde ahora tienes a mi bebé en tus planes y propósitos. Te agradezco porque lo estás moldeando por dentro, luego lo harás cuando esté fuera. Gracias porque te ocupas de su alma y también de su cuerpo. Sabes exactamente cómo este bebé se está desarrollando, parte por parte, hueso por hueso. Lo has esculpido de la nada para ser alguien, así como el artesano crea una hermosa pieza de arte de un trozo de barro. Como en un libro abierto, lo miras crecer desde la concepción hasta el nacimiento. Todas las etapas de su vida están delante de ti. Por esa razón te alabo y te doy las gracias.

ORACIONES PARA TUS HIJOS CUANDO ESTÁS EMBARAZADA

No tengas miedo

—No tengas miedo, María —le dijo el ángel—, ¡porque has hallado el favor de Dios!

Lucas 1:30 (NTV)

¡Cómo no voy a tener miedo, Señor! Todo esto es nuevo para mí. El día del parto se acerca. ¿Así se sentía María? Pero escucho ahora tus palabras que me dicen que no tenga miedo. ¿Por qué? No porque haya hecho todo bien o porque lo merezcan mis buenas acciones. No por lo que tenga o mi herencia familiar. No debo tener miedo porque he hallado el favor tuyo. Gracias, Señor, porque tú me has salvado del pecado, me has hecho una nueva criatura, me has reconciliado contigo. Tu favor y tu gracia se manifiestan en el sol que sale cada día, en el crecimiento de este bebé, en tus muchas promesas cumplidas. Tengo miedo por mí y por mi bebé, Padre, pero escucho tu voz. No temeré, porque tú estás conmigo.

ORACIONES
para tu hijo durante y después del parto

ORACIONES PARA TU HIJO DURANTE Y DESPUÉS DEL PARTO

Ayuda en el parto

Ahora bien, Adán tuvo relaciones sexuales con su esposa, Eva, y ella quedó embarazada. Cuando dio a luz a Caín dijo: «¡Con la ayuda del Señor, he tenido un varón!».

Génesis 4:1 (NTV)

No cabe duda, Todopoderoso, que solo se puede concebir con tu ayuda. Advertiste a Eva que con dolor daría a luz, y así ha sido desde entonces. El dolor va mezclado con el parto. Pero también es cierto que estuviste con Eva, la primera mujer en parir, y ella lo reconoció de tal manera que el nombre de su hijo lleva dicho recordatorio. Solo con tu poder, con tu ayuda, con tu presencia, podemos traer un bebé al mundo. Gracias, Señor, por el milagro del alumbramiento. Gracias, Señor, por estar conmigo y con mi bebé en esos momentos. Gracias porque has cumplido tu promesa de no dejarnos, y así ha sido hasta hoy.

El regalo

Los hijos que nos nacen son ricas bendiciones del Señor.

Salmos 127:3 (NTV)

Señor de toda buena dádiva y don del cielo, he recibido uno de los regalos más importantes de esta vida: un bebé. El regalo de la maternidad me ha sido concedido por pura gracia pues ¿quién soy yo para tenerlo? Ayúdame a no ver mi rol como madre como una serie de tareas que debo hacer y que a veces se entrometen en mi desarrollo profesional y personal, sino como uno de esos obsequios divinos que me harán más santa y apartada para ti para el bien de mi bebé. La maternidad es la oportunidad de practicar el Evangelio todos los días: reconocer mi pecado, aceptar tu ayuda y disfrutar tu perdón y consuelo. Transforma mi corazón, de adentro hacia afuera, para gozar del regalo de la maternidad de tal modo que mi bebé pueda sentir tu amor a través de mí.

ORACIONES PARA TU HIJO DURANTE Y DESPUÉS DEL PARTO

Cuidado después del parto

Como pastor apacentará su rebaño; en su brazo llevará los corderos, y en su seno los llevará; pastoreará suavemente a las recién paridas.

Isaías 40:11 (RVR60)

Oh, Señor, sentí que no sobreviviría. Jamás había experimentado algo semejante, donde el dolor se mezcla con expectativa, y el miedo y la alegría conviven. Luego vi a mi bebé en brazos y supe que todo estaría bien. Y ahora, buen pastor, como prometes en tu palabra, pastoréame suavemente. Llévame a los delicados pastos donde pueda descansar; acompáñame a las aguas tranquilas de tu amor mientras me recupero. Y lleva en tus tiernos brazos a mi bebé, este corderito que me has dado la oportunidad de dar a luz. Sé que contigo de pastor, todo estará bien. Amén.

Sueño grato

Cuando te acuestes, no tendrás temor, sino que te acostarás, y tu sueño será grato.

Proverbios 23:4 (RVR60)

Mi bebé duerme, Señor. No había visto que alguien tan pequeño pudiera dormir tan profundo. Veo su pecho subir y bajar al compás de su respiración. Sus bracitos están hacia arriba como si levantara unas pesas. Su cabeza se acomoda de lado y sus párpados permanecen cerrados. ¿Y yo? Parece que el sueño que mi bebé tiene es, precisamente, el que yo he perdido. Estoy pendiente de cada respiración, cada ruido y cada movimiento que hace. Pero sé que me has hecho justo para este momento. Me has dotado de todo lo que necesito para ser madre. Concédeme sueño grato, aunque sea corto, para poder cuidar a mi bebé con lo mejor de mí. Ayúdame a acostarme y que el temor no me domine, pues Tú cuidas de mí y de mi bebé. Amén.

ORACIONES PARA TU HIJO DURANTE Y DESPUÉS DEL PARTO

Gozo por el nacimiento

Sara dijo entonces: «Dios me ha hecho reír, y todos los que se enteren de que he tenido un hijo se reirán conmigo».

Génesis 21:6 (NVI)

Mi bebé me ha regalado hoy su primera sonrisa. Quizá fue un reflejo, tal vez no. No importa, su sonrisa me ha hecho reír, Señor. Me he acordado de Sara cuando en su vejez recibió a su hijo Isaac. Tú la hiciste reír y ahora yo me río con ella. Sonrío ante la belleza de la vida; me gozo por el privilegio de la maternidad; lanzo una carcajada de placer pues puedo acunar un pequeño niño entre mis brazos. ¡Gracias por las risas! ¡Gracias por las sonrisas! Alrededor de mí se contagian mis familiares y amigos. ¡Todos festejamos y celebramos! Hoy es un día de fiesta, y tú, Señor, eres el que lo ha hecho todo. Por esto y por las muchas sonrisas y risas, ¡te alabo!

Un bebé hermoso

En esos días nació Moisés, un hermoso niño a los ojos de Dios. Sus padres lo cuidaron en casa durante tres meses.

Hechos 7:20 (NTV)

Dios omnipotente, tengo un bebé hermoso a tus ojos y a los míos. Veo este cuerpo pequeño y frágil, cada dedo, aun el más pequeño, cada pestaña en su lugar, y no puedo más que expresar mi gratitud y alabanza a ti. Al igual que los padres de Moisés, quienes vieron a su hijo hermoso y no temieron el decreto del rey, me comprometo a cuidar este niño por todo el tiempo que me lo prestes. Ayúdame a protegerlo de los enemigos que desean terminar con las vidas únicas de cada niño. No permitas que sofoque su creatividad, ni limite sus sueños, ni entierre su personalidad. Ayúdame a protegerlo en las promesas de tu palabra y, por medio de la fe, lo entrego a tu cuidado y bendición. Amén.

ORACIONES PARA TU HIJO DURANTE Y DESPUÉS DEL PARTO

Amar se aprende

Esas mujeres mayores tienen que instruir a las más jóvenes a amar a sus esposos y a sus hijos.
Tito 2:4 (NTV)

Dios de amor, enséñame a amar a mis hijos. El apóstol Pablo le dio instrucciones a Tito. Le mostró que debía enseñar a las mujeres mayores a enseñar a las más jóvenes ciertas cosas como a amar a sus hijos. Siempre he pensado que amar viene en el paquete de la maternidad, pero supongo que el amor que requiere un niño es un tipo de sacrificio contrario a la naturaleza propia de los seres humanos. Amar a mi hijo implica morir a mi *yo*. Privarme de cosas, posponer sueños, cambiar hábitos. Señor, rodéame de mujeres mayores que puedan ser un ejemplo para mí y que me enseñen a amar a mis hijos.

Capturada por el asombro

Meditaré en todas tus obras, y hablaré de tus hechos.

Salmos 77:12 (RVR60)

Dios de detalles, al sostener mi bebé en brazos contemplo sus expresiones, tan variadas y distintas. Cada día aprende algo nuevo y hace algo que no hacía ayer. Cuando descubre una nueva cosa, como una sombra, un nuevo objeto, colores brillantes, percibo su capacidad de asombro. Yo he perdido esa capacidad. Estoy tan ocupada en el día que no disfruto los rayos del sol, ni una hilera de hormigas. Ayúdame a ser como mi bebé. Permite que observe las pequeñas cosas como una flor delicada o un atardecer. Ahora que tengo a mi bebé en brazos, debo desacelerar, sentarme y arrullarlo. Mientras lo hago, que pueda contemplar tus maravillas y apreciar tu creación. Y cuando mi bebé crezca, no permitas que tome las cosas por sentadas, sino que siga cultivando, con mi ayuda, curiosidad y asombro.

ORACIONES PARA TU HIJO DURANTE Y DESPUÉS DEL PARTO

Cantos en el interior

¡Reconozcan que el Señor es Dios! Él nos hizo, y le pertenecemos.

Salmos 100:3a (NTV)

¡Me alegro, Señor! Me gozo y tengo ganas de cantar. En ocasiones incluso quiero saltar de alegría. ¿Qué me llena de gozo? Saber que tú nos hiciste. Tú hiciste a este bebé que sostengo en brazos y también me creaste a mí. La perfección de este cuerpo diminuto que amamanto me maravilla. Cinco dedos en cada mano; cinco dedos en cada pie. Pequeñitos, pero bien formados. Una nariz y dos ojos. Piernas y brazos que van adquiriendo más tono. ¡Ah, Señor! No cabe duda de que solo tú mereces el honor pues eres la fuente de este gozo y de esta perfección. ¡Me alegro y canto! Te dedico a ti la alabanza que brota de mi corazón.

ORACIONES
para toda la familia

Pidiendo por el esposo

Cuando José despertó, hizo como el ángel del Señor le había ordenado y recibió a María por esposa.
Mateo 1:24 (NTV)

Gran Yo Soy, te pido que bendigas a mi esposo en cada faceta de su vida. Si bien tú eres mi padre por excelencia, gracias porque me has dado un compañero de vida que ahora también es padre. Te pido por su salud, que se mantenga libre de toda enfermedad. Te pido por su trabajo, que pueda proveer el sustento para nuestros hijos y toda la familia. Te pido por su relación con nuestros hijos, que sea un digno representante de ti y ejemplo de tu amor. Te pido por nuestra relación de pareja, que el amor crezca entre nosotros y que practiquemos el perdón cada vez y que nuestros hijos puedan ver este ejemplo. Te pido por su relación contigo, que seas su guía y su consejero para poder guiar a nuestros hijos, y reconocer que parte de ese gran plan que tienes para él incluye la responsabilidad de criar a nuestros hijos. Amén.

Mi madre

Honra a tu padre y a tu madre, para que tus días se alarguen en la tierra que Jehová tu Dios te da.
Éxodo 20:12 (RVR60)

Señor, ¡cuántas veces dije que no haría las cosas como mi mamá! Pensé que sería diferente o la juzgué por ciertas decisiones que tomó. Hoy me doy cuenta de que cada vez me parezco más a ella. Mi forma de educar, quizá porque fue la única que experimenté o porque hoy concuerdo en que fue la correcta, es casi idéntica a la que ella usó conmigo. También hay cosas que hoy entiendo y que, aunque quizá sigo sin estar de acuerdo, puedo mostrar empatía. Lo que quiero hoy, Padre, es honrarla como tú me pides. Ayúdame a cumplir con el mandato que estipulaste. Dame el valor para darle las gracias, decirle que la amo y valorar que, sin ella, ni yo ni mi bebé estaríamos aquí. Amén.

Mi padre

Respeten todos ustedes a su madre y a su padre.
Levítico 19:3 (RVR60)

Entre más pasan los años, mejor comprendo a mi padre, Señor. ¡Qué difícil es hacer las cosas bien! Cada decisión afecta a los hijos de una u otra manera, y siempre habrá algo que los hijos resientan o lamenten. Por eso, hoy te alabo y te bendigo porque tuve un padre. Ayúdame a atesorar los buenos momentos que pasamos juntos y aprender de las cosas que quizá, en mi opinión, no estuvieron bien. Enséñame a respetarlo al escuchar sus historias, afirmar sus opiniones, empatizar con sus perspectivas incluso cuando son distintas a las mías. Quiero respetarlo al mostrar mi gratitud y al pedir perdón por mis errores y malas contestaciones. No vemos la vida igual, pero podemos ser respetuosos en nuestros desacuerdos. Sobre todo, ayúdame a disfrutarlo como abuelo de mis hijos, y haz que tu amor cubra multitud de pecados. Amén.

Mi suegra

Porque lo ha dado a luz tu nuera, que te ama.
Rut 4:15 (RVR60)

Señor, en la sociedad se habla muy mal de las suegras, pero tú las tienes en alto. En tu palabra hay uno de los más hermosos ejemplos de amor entre Noemí y Rut. Por eso, hoy te pido que me ayudes a ser una buena nuera. No permitas que vea a mi suegra como alguien que compite por quitarme el amor y la atención de mis hijos y mi esposo. Ayúdame a ver que ella también es una figura importante de amor en la familia, y que su cuidado hacia los que yo más amo puede multiplicar las bendiciones. Enséñame a ser sabia en mis palabras; a decir lo que siento sin ofender; a llegar a acuerdos que sean de beneficio para todos. Quiero dejar a un lado mi orgullo y mis celos y, como Rut, amar a mi suegra, abuela de mis hijos. Amén.

Mi suegro

Oye, hijo mío, la instrucción de tu padre, y no desprecies la dirección de tu madre.

Proverbios 1:8 (RVR60)

Padre, gracias porque mis hijos no solo tienen dos abuelos, sino cuatro. Gracias porque en mi suegro pueden ver otra figura paternal. Señor, da a mi suegro fuerzas y energía para ser el abuelo que debe ser. Dale compasión por los pequeños, tiempo para escucharlos, risas para contagiarlos. Permite que sea un refugio para mi esposo hoy que el está comenzando en los caminos de la paternidad. No dejes que las palabras hirientes o las críticas abunden, sino que exista cordialidad, buen consejo y ánimo en todas sus conversaciones. Dame el respeto debido a mis suegros, como la hija política que hoy soy, para ser así una familia donde reine tu presencia y tu amor. Amén.

Mis sobrinos

Jesús dijo: «Dejen que los niños vengan a mí, y no se lo impidan, porque el reino de los cielos es de quienes son como ellos».

Mateo 19:14 (NVI)

Sé, Dios Creador, que mis hijos no son los únicos niños en la familia. Están también mis sobrinos, los hijos de cuñados o hermanos, cuñadas o hermanas. Dame amor por ellos al igual que por los míos. Si bien soy más responsable de mis propios hijos, quiero amar a estos otros niños con toda la ternura y el cuidado que merecen. Cuando jueguen juntos, quiero supervisar con amor. Cuando estén juntos, ayúdame a guiar con ternura. Dame creatividad para organizar juegos y actividades que impriman en ellos bonitos recuerdos. Permite que reine la armonía en sus interacciones y que procuremos todos la paz. Sí, Señor, tu amor es tan abundante que puedo ofrecerlo a todos, incluyendo a mis sobrinos, y por ello, te pido porque ellos también te conozcan a ti y te sigan, pues no hay nada mejor que vivir en tu presencia.

Los tíos

Le pido a Dios que el amor de ustedes desborde cada vez más y que sigan creciendo en conocimiento y entendimiento.

Filipenses 1:9 (NTV)

Padre, mis hermanos y los de mi esposo son importantes en la vida de mis hijos. Líbranos de la competencia, de querer que nuestros hijos sean mejores que los del otro. Apártanos de la envidia, de mirar lo que ellos les pueden ofrecer y nosotros no podemos. Quítanos toda maledicencia o deseos imperfectos. Más bien, que los lazos de amor nos unan y en lugar de vernos como el enemigo, cooperemos por el bien de la familia. Sin olvidar el respeto al otro, permite que colaboremos en el bienestar de los niños a nuestro cargo. Sé que cada aporte positivo de amor y cuidado hacia mis hijos les hará más perceptivos a tu amor. Así que, gracias, Señor, por los tíos, un ejemplo más de tu abundante amor para con mis hijos.

ORACIONES

para el recién nacido

ORACIONES PARA EL RECIÉN NACIDO

Mi encomienda

Mediten bien en todo lo que les he declarado solemnemente este día, y díganles a sus hijos que obedezcan fielmente todas las palabras de esta ley. Porque no son palabras vanas para ustedes, sino que de ellas depende su vida.

Deuteronomio 32:46-47 (RVR60)

Altísimo Señor, tengo una sagrada encomienda que no quiero despreciar. Tú te diste a conocer a los israelitas cuando los sacaste de Egipto con mano fuerte. Cuarenta años los sostuviste en el desierto y supliste toda necesidad. A punto de entrar a la tierra prometida, les recordaste sobre la ley que dictaste en el monte Sinaí. Entonces diste una orden clara y contundente a todo padre: una de nuestras tareas primordiales es tomar en serio tus palabras y transmitirlas a nuestros hijos. No solo como ejercicio memorístico, sino para que obedezcan cada mandato porque tus palabras no son vacías, ¡son nuestra vida misma! Así que, hoy me propongo temer esta advertencia y llevar tu orden a cabo. Amén.

El padre Abraham

Yo lo he elegido para que instruya a sus hijos y a su familia, a fin de que se mantengan en el camino del Señor y pongan en práctica lo que es justo y recto. Así el Señor cumplirá lo que le ha prometido.
Génesis 18:19 (NVI)

A mi hija pequeña le gusta cantar: «Nuestro padre Abraham... tiene muchos hijos...». En realidad, solo tuvo dos, pero al meditar hoy en tu palabra, descubrí algo hermoso. Cuando decidiste contar a Abraham sobre tus planes para Sodoma y Gomorra, le dijiste que lo habías elegido, no solo para hacer una nación grande y bendecir a los demás, sino para que instruyera a sus hijos y a su familia. Sabías que Abraham ordenaría a sus descendientes a mantenerse en tu camino, haciendo lo correcto y justo. El canto de mi hija dice: «Uno de ellos soy, igual que tú». Sí, Señor, soy hija en la fe del padre Abraham y quiero seguir sus pasos. Muéstrame cómo ayudar a mis hijos y a toda mi familia a guardar tu camino.

ORACIONES PARA EL RECIÉN NACIDO

Madre perfecta

Y me ha dicho: Bástate mi gracia; porque mi poder se perfecciona en la debilidad.

2 Corintios 12:9a (RVR60)

Señor, no soy una madre perfecta. Solo puedo ver mis fallas y mis imperfecciones. Para educar a este niño en especial me siento todo menos capaz. A veces siento que lo echo todo a perder, hasta que abro mi Biblia y veo que nadie es perfecto, solo tú. No te equivocaste al darme a este hijo. Me creaste con él en mente. En ese sentido, soy la madre «perfecta» para mis hijos, no porque no tenga errores, sino porque los elegiste para mí. Ayúdame a no olvidar que, en mis imperfecciones, tú te perfeccionas. En mi debilidad, tú eres fuerte. Y que lo único que necesito para llevar a mis hijos adelante es tu gracia. Amén.

Hemos adoptado

Y ustedes no han recibido un espíritu que los esclavice al miedo. En cambio, recibieron el Espíritu de Dios cuando él los adoptó como sus propios hijos. Ahora lo llamamos «Abba, Padre».
Romanos 8:15 (NTV)

Papi, papito, Abba padre, ahora comprendo lo que tú sientes. Tengo un hijo, uno que no salió de mis entrañas, sino que hemos adoptado. Y aunque no trae mi sangre, lo amo profundamente. Lo quiero tanto como a mis hijos biológicos. Deseo que me llame «mami», y sé que tomará un tiempo para que suceda, pero dentro de mí, tiene todos los derechos, privilegios y responsabilidades que mis hijos de carne. Del mismo modo, tú me has hecho tu hija. Me has adoptado y me has aceptado tal y como soy, aunque a veces lo pongo en duda. No permitas que en mi hijo haya dudas de mi amor y aceptación de él. Gracias por hacerme parte de tu familia. Gracias por traer a mi hijo a mi familia.

ORACIONES PARA EL RECIÉN NACIDO

Antes de dormir

En paz me acostaré, y asimismo dormiré, porque solo tú, Jehová, me haces vivir confiado.
Salmos 4:8 (RVR60)

Buen padre, por las noches estoy exhausta y solo quiero irme a la cama, pero sé que antes hay una rutina que no quiero descuidar. Es la rutina de ayudar a mis hijos a ponerse el pijama, lavarse los dientes y acostarlos. A eso le sigue leerles un cuento, hacer con ellos un devocional bíblico y orar juntos. Sí, estoy cansada, pero no me quiero perder esa oportunidad de sembrar en sus corazones. Deseo estimular su imaginación con los cuentos, nutrir sus almas con las historias bíblicas y modelar la oración para que sepan cómo hablar contigo. Probablemente caeré en cama rendida, pero repetiré la misma frase que les digo a ellos: «En paz me acostaré...».

Seguir al pastor

El Señor es mi pastor.

Salmo 23:1a

Eres «mi» pastor y te sigo. Así como la oveja sigue al pastor y el cordero sigue a la oveja, yo voy detrás de ti con la espera de que mis hijos, al seguirme, sepan cómo seguirte a ti. Quizá, mi querido pastor, hoy mis hijos no te ven porque son pequeños, pero ansío que mi labor con ellos les enseñe lo que es un «buen» pastor, para que un día ellos decidan hacerte «su» pastor. Estos corderitos no me pertenecen, sino que son tuyos. Gracias por encomendarme su cuidado mientras crecen. Y para lograr esta noble misión, ayúdame a seguirte de cerca, sin olvidar que eres mi pastor, mi buen pastor.

ORACIONES

para el niño pequeño

ORACIONES PARA EL NIÑO PEQUEÑO

Por el crecimiento de los niños pequeños

Allí el niño crecía sano y fuerte. Estaba lleno de sabiduría, y el favor de Dios estaba sobre él.
Lucas 2:40 (NTV)

Padre celestial, así como Jesús creció después de ser presentado en el templo a los ocho días de nacido, así te pido por mis niños pequeños. Dales salud y líbralos de las enfermedades. Provee de tu fuerza; que cada parte de sus cuerpos se desarrollen en tiempo y forma. Abre sus mentes; que aprendan nuevas cosas cada día. Pero, sobre todo, que tu favor esté sobre ellos. No hay nada más consolador para mi corazón de madre que el saber que tú estás con nosotros y que tu gracia nos acompaña. Mi oración hoy es que mis hijos crezcan fuertes en sus cuerpos y sabios en sus espíritus, siempre delante de ti. Amén.

La actitud del corazón

Pero lo que sale de la boca, del corazón sale; y esto contamina al hombre.

Marcos 15:18 (RVR60)

Padre amado, a veces estoy tan enfocada en la conducta de mis hijos, en lo qué hacen, cuándo lo hacen, que olvido el porqué lo hacen. A veces resulta fácil corregir la conducta por medio del castigo y los gritos, las consecuencias desagradables y el dolor, pero si no hay un cambio interno, rara vez dura. Pienso en mí misma y que hoy, por ejemplo, me enfadé. Las circunstancias pueden ser variadas, pero la realidad es que hoy quería hacer «mi» voluntad y no la tuya. Así que descubre mis motivaciones ocultas y revélalas a la luz para que aprenda. Y del mismo modo, ayúdame a tratar a mi hijo con la misma paciencia y amor, mirando más allá de la conducta y conversando con actitudes santas que lo ayudarán a vencer en un mundo de pecado.

Madre que protege

Como aquel a quien consuela su madre, así os consolaré yo a vosotros, y en Jerusalén tomaréis consuelo.

Isaías 66:13 (RVR60)

Padre, gracias por el amor de madre, protector y persistente. Gracias también porque comprendo que una madre es la primera defensa de un niño. Te pido que sea hoy ese escudo que consuela a mis hijos cuando se caen, cuando se duelen, cuando les salen los dientes. Te pido que sea la madre que debo ser. Pero también te pido por todos esos niños en el mundo que carecen del amor protector de una madre. Sé para ellos ese bálsamo y esa fortaleza, y en cuanto sea posible para mí, permíteme ser una madre espiritual para otros niños. Amén.

Compañeras de camino

Y dijo Raquel: Con luchas de Dios he contendido con mi hermana, y he vencido. Y llamó su nombre Neftalí.

Génesis 30:8 (RVR60)

Admirable Creador, perdóname por dejar que mi identidad descanse en quién es mi esposo, cuántos hijos tengo o qué tipo de trabajo hago. Cuando actúo así, pongo distancia entre otras mujeres y yo. Pero las demás no son mis rivales, así como Lea no era enemiga de Raquel y sus hijos tampoco son competidores de mis hijos. Tarde aprendieron a ser hermanas y a disfrutarse. No quiero que esto me pase a mí. Ayúdame a ver a las otras mamás en el parque, en el preescolar, en la clínica, como amigas potenciales, como compañeras de viaje, no como un peligro. Que mi identidad no esté en lo que tengo o lo que hago, sino en lo que soy delante de tus ojos: una amada hija. Amén.

ORACIONES PARA EL NIÑO PEQUEÑO

Cansancio

Si corriste con los de a pie y te cansaron, ¿cómo, pues, vas a competir con los caballos?
Jeremías 12:5 (LBLA)

Sí, Señor, estoy cansada. Permite que me queje. ¿Hasta cuándo habrá injusticias en la tierra? ¿Hasta cuándo el sufrimiento? Me he fatigado. Ya no sé ni qué pedir. No puedo competir con los caballos. Ni siquiera puedo andar a pie o en un pequeño trote. Sin embargo, tú me llamaste a una vida con propósito. No voy a renunciar a la primera dificultad. Si bien el camino de la maternidad no es sencillo, si bien hay suelo empedrado y curvas en el camino, no voy sola, sino contigo. Sé que mi vida no me pertenece, ni soy capaz de planear mi propio destino. Así que, corrígeme, Señor. Dame fuerzas, Señor. ¡Quiero correr con los caballos para el bien de mis hijos!

Conociendo a mi hijo

Pero el Señor le dijo: «No te fijes en su apariencia ni en su elevada estatura, pues yo lo he rechazado. No se trata de lo que el hombre ve; pues el hombre se fija en las apariencias, pero yo me fijo en el corazón».
1 Samuel 16:7 (DHH)

Padre, no ceso de escuchar: «Se parece a ti», o es «es igualita a tu esposo». Es cierto que al ver a mis hijos crecer cada vez adquieren más rasgos que me recuerdan a alguien, pero ayúdame a no olvidar que cada uno de ellos es una persona única, incomparable, inigualable. Sobre todo, recuérdame que detrás de sus ojos o sus hoyuelos en las mejillas hay una persona irrepetible. Quizá de repente vea en ellos atisbos de mi carácter o de alguien más de la familia, pero líbrame de compararlos con los demás. Ayúdame a conocerlos de manera especial e individual. Abre mis ojos a sus talentos y a su manera de pensar. Dame la curiosidad para entenderlos cada día más y tratarlos con respeto. No permitas que quiera moldearlos y convertirlos en pequeños «yo». Quiero amarlos sin condición. Amén.

ORACIONES PARA EL NIÑO PEQUEÑO

Hoy no logré nada

Y descendió con ellos, y volvió a Nazaret, y estaba sujeto a ellos. Y su madre guardaba todas estas cosas en su corazón.

Lucas 2:51 (RVR60)

Padre, mis días parecen una eterna repetición de lo mismo: bañar los niños, darles de comer, limpiar la casa, entretenerlos, y lo peor es que pienso que nadie me entiende ni sabe cómo me siento. ¡Estoy frustrada! Parece que no logro nada importante. El colmo es que, a pesar de mis esfuerzos, al final del día la casa sigue pareciendo un campo de batalla. Mi vida parece haberse detenido en cuanto a metas y logros, incluso mi crecimiento personal. Pero seguramente tus años de crecimiento en Nazaret parecieron iguales. Años de rutinas y silencio, donde no sabemos qué ocurría y donde María quizá se preguntaba, igual que yo, si valía la pena. Recuérdame que no hay nada mejor que ser una madre e invertir en mis hijos, incluso en los días que parece que no logro nada. Amén.

Cercas y vallas

No traspases los linderos antiguos que pusieron tus padres.

Proverbios 22:28 (RVR60)

Señor, ¿te acuerdas del corralito? Compré un pequeño espacio para que mi bebé jugara dentro mientras aprendía a caminar. Ahí dentro dormía y jugaba mientras yo vigilaba de cerca. Me daba paz ver que tenía protección. Pero al ir creciendo, dejó el corralito, pero aún así necesita que siga construyendo cercas y vallas a su alrededor. Sí, cada vez más grandes y amplias, pero no permitas que olvide que los límites son buenos. Tú también me has puesto varios para proteger mi matrimonio, mis emociones, mi cuerpo. Al poner límites claros, que la protejan y la enfoquen, le estoy diciendo que la amo, que la amo tanto que no la educaré de ninguna otra manera que no sea una que te dé honra a ti.

Mami, ¿te ayudo?

Porque nosotros somos colaboradores de Dios, y vosotros sois labranza de Dios, edificio de Dios.
1 Corintios 3:9 (RVR60)

Señor, con frecuencia escucho: «Mami, ¿te ayudo?». Lo peor es que titubeo. Su ayuda implica tomar el doble de tiempo para doblar la ropa, tender la cama o preparar las galletas. Por supuesto que esos momentos también se vuelven juegos, como esconderse debajo de las cobijas o ensuciar nuestra nariz con chocolate, pero ¿en verdad necesito su ayuda? Podría decir que no. Sin embargo, cada vez que esas pequeñas manitas cooperan, mis hijos crecen y se hacen más independientes. Me encanta admirar su expresión al realizar bien un trabajo; su concentración al tratar de imitarme. ¿Me ves tú del mismo modo? Porque nos has hecho tus colaboradores, aunque tú todo lo puedes. Quizá es tu modo de prepararnos para la vida y de hacernos partícipes del reino. Gracias, Señor, por permitirme ser tu colaboradora.

Antes del teléfono

Y me buscaréis y me hallaréis, porque me buscaréis de todo vuestro corazón.

Jeremías 29:13 (RVR60)

Perdóname, Señor, porque antes de acudir a ti siempre voy a otros primero. Cuando pasa algo con el bebé, corro a llamar a mi mamá. Cuando mis hijos actúan extraños, busco en Google la respuesta. En cada situación, busco ayuda en los lugares incorrectos porque el único que me puede auxiliar eres tú. Tú puedes darme la paz que necesito ante una emergencia, la serenidad para enfrentar cualquier actitud o reacción, y la sabiduría para saber dónde ir en caso necesario. Quiero aprender, como lo han hecho tus hijos en las Escrituras, a reconocer que eres mi fuente de poder y de bienestar. Sé que siempre que clame a ti, tú escucharás, me perdonarás y brindarás la respuesta. Anhelo buscarte de todo corazón.

Amén.

Instrucción

Dirige a tus hijos por el camino correcto, y cuando sean mayores, no lo abandonarán.
Proverbios 22:6 (NTV)

Dios de la sabiduría, la mayoría de las veces mis hijos quieren ir por el camino incorrecto, uno que es corto, pero quizá peligroso; uno que es popular, pero probablemente inmoral. Ayúdame a instruirlos para que caminen por el sendero que tal vez sea más largo, más complicado, más agotador, pero a la larga, el mejor. Enséñame también a respetar que cada uno de mis hijos es diferente, y que a veces el camino que deben tomar es distinto al que yo atravesé cuando era niña. Dame sabiduría para ser consistente y perseverante, para ser atenta y cuidadosa, para realmente «querer» instruirlos por el camino en el que deben andar. Amén.

Miedo a la oscuridad

Este es el mensaje que oímos de Jesús y que ahora les declaramos a ustedes: Dios es luz y en él no hay nada de oscuridad.

1 Juan 1:5 (NTV)

Estrella de la mañana que iluminas las tinieblas de este mundo, mi hijo tiene miedo de la oscuridad y las sombras de la noche. Su mente teje fantasías de los muchos peligros que habitan su armario o que están debajo de su cama. Haz que tu oscuridad brille en su corazón y aquiete sus miedos. Y a mí ayúdame a recordar cuando también temí la noche. No permitas que haga menos la realidad que él hoy experimenta. Que pueda ser de consuelo, de ánimo y de ejemplo. Aún muchas cosas me atemorizan y necesito tu presencia y tu ayuda. Que ambos aprendamos a que tú iluminas nuestros días.

Amén.

Imitadores

Imítenme a mí, como yo imito a Cristo.
1 Corintios 11:1 (NVI)

Padre, hoy vi a mi hija imitando cómo me maquillo. Luego descubrí a mi hijo copiando cómo hablo por teléfono. Al principio me reí, pero luego comprendí la gran responsabilidad que tengo. Soy, quiera o no, un ejemplo para mis hijos. Ellos han aprendido muchas cosas solo al observarme, y por eso, hoy te pido por este rol tan crucial que tengo en sus vidas. Me asombra cómo Pablo pudo decir «imítenme a mí», pero de inmediato dio la clave: «como yo imito a Cristo». La única manera en que podré ser un buen modelo para seguir es si yo misma trato de ser más y más como Jesús. Ayúdame, por lo tanto, a pasar tiempo contigo, a indagar en tu palabra cómo eres y cómo debo ser. Quiero intentar pensar como tú, actuar como tú, sentir como tú. En tu nombre, amén.

¿Un desperdicio?

Los discípulos se indignaron al ver esto. «¡Qué desperdicio!», dijeron.

Mateo 26:8 (NTV)

Padre, hoy leí la historia de la mujer que entró donde estabas con un hermoso frasco de alabastro que contenía un perfume costoso y lo derramó sobre tu cabeza. Todos pensaron que era un desperdicio, pero tú aceptaste su ofrenda. Nada que se ofrece a ti es pasado por alto. Tú no viste el valor del perfume, sino el sacrificio de esta mujer. En ocasiones, lo que exige ser madre parece un desperdicio. Doy mi tiempo, mis ambiciones, mis preferencias y mis talentos para cuidar y educar a mis hijos. ¿«Pierdo» el tiempo jugando con ellos, o acurrucándonos en la cama, o escuchando sus historias o simplemente observándolos? ¡No! Porque lo hago por amor; lo hago para ti. Quiero hoy, Padre, quebrar mi hermoso frasco de alabastro de mamá para honrarte a ti.

ORACIONES PARA EL NIÑO PEQUEÑO

Disciplina

Pues el Señor corrige a los que ama, tal como un padre corrige al hijo que es su deleite.

Proverbios 3:12 (NTV)

Padre, ¡qué tema tan confuso el de la disciplina! Ciertos amigos tienen una opinión, los otros difieren. Yo solo sé que, si amo a mis hijos, debo marcar límites. Debo, en ocasiones, ser firme y disciplinarlos. Permite que mi cónyuge y yo lleguemos a acuerdos sabios sobre el tema. No dejes que este tema nos divida, sino que juntos disciplinemos a nuestros hijos en tiempo y forma. Líbranos de ser inconsistentes, lo que solo traerá confusión. Pero, sobre todo, que el móvil de nuestras acciones sea el amor. Firmeza y gracia de la mano, te lo pido; perseverancia y compasión, te lo ruego. Tú también me disciplinas porque me amas. Acepto tu disciplina y quiero aprender de ella. Amén.

Corazón dividido

Su lealtad está dividida entre Dios y el mundo, y son inestables en todo lo que hacen.

Santiago 1:8 (NTV)

Señor Jesús, sé que mi hijo se va a enfrentar una lucha de valores. Tendrá que escoger entre hacer tu voluntad o seguir sus propios deseos, escoger seguirte o ir en la dirección en la que el mundo le lleve. Oro para que ayudes a mi hijo en esos momentos para que no sea una persona de doble ánimo, y que sea estable en todo lo que haga. También pido que tengas misericordia en esos momentos en los que falle por tratar de agradar o vivir en los dos mundos pues sabemos que es imposible tener un pie en cada lugar. En tu más grande sermón, justo después de que nos recuerdas que no podemos servir a dos señores, nos dices: «no te preocupes». La palabra preocupación de hecho implica sumisión y confianza. Así que, no quiero que mi hijo se angustie ni turbe. Ayúdale a buscar primero tu reino y todo lo demás será añadido. Amén.

ORACIONES PARA EL NIÑO PEQUEÑO

El chupete

Así que acerquémonos con toda confianza al trono de la gracia de nuestro Dios. Allí recibiremos su misericordia y encontraremos la gracia que nos ayudará cuando más la necesitemos.

Hebreos 4:16 (NVI)

Amado señor, mi criatura ya tiene tres años y sigue con chupete. Cuando no lo encuentra, busca su dedo pulgar. La madurez implica dejar esas cosas que no necesita y avanzar. Pero al contemplarla, me veo a mí misma. Yo también me sigo chupando el dedo. Quizá mi «chupón» sea el teléfono o mis redes sociales; para alguien más será el ejercicio o el cigarro, algo que nos reconforte, algo que ayude a escapar de la situación. Olvido que solo te necesito a ti para crecer, sanar y estar completa. La próxima vez que le diga a mi hija: «Cariño, ya no necesitas tu pulgar (o tu chupete)», ayúdame a recordar que yo tampoco necesito las redes sociales, tronarme los dedos o comer chocolate. Solo te necesito a ti. Amén.

La Biblia

Incúlcaselas continuamente a tus hijos. Háblales de ellas cuando estés en tu casa y cuando vayas por el camino, cuando te acuestes y cuando te levantes.
Deuteronomio 6:7 (NVI)

Padre, yo no puedo hacer que mis hijos amen la Biblia. Solo tu santo espíritu puede darle un corazón sediento y hambriento por tu palabra. Pero puedo hacer que conozcan la Biblia y que sean testigos de cómo tu palabra es importante para mí. Ayúdame a apartar el tiempo, desde que son pequeños, para leer con ellos una historia, un pasaje, un versículo. Permite que juntos memoricemos las Escrituras, no como una obligación o chantaje, sino como una actividad que podamos hacer juntos y disfrutar. Si desde pequeños formamos el hábito como familia, mi oración es que cuando sean grandes e independientes, sigan considerando esta lectura como algo importante para sus almas. No dejes que me salte algunos temas o solo me enfoque en ciertos libros; queremos amarla toda. Pero, sobre todo, que conozcan por medio de ella a Jesús, el hijo de Dios.

ORACIONES PARA EL NIÑO PEQUEÑO

Crecen muy rápido

Brotamos como una flor y después nos marchitamos; desaparecemos como una sombra pasajera.
Job 14:2 (NTV)

Padre, parece que apenas ayer tenía a mi bebé en brazos y luego empezó a gatear. Me di la vuelta y ya caminaba. Hoy entra al preescolar y mañana se irá a la universidad. En los días difíciles cuando esté desanimada o agotada, cuando me sienta inútil o estancada, ayúdame a recordar que los niños crecen muy rápido. No quiero olvidar que cuando los tendré conmigo solo unos años antes de que tomen otro camino. Quiero disfrutar con ellos cada logro, cada nuevo paso, cada éxito y fracaso. Lamentaría mucho no estar presente en los momentos claves de su desarrollo, así que dame sabiduría para renunciar a cualquier cosa que me prive de ser lo que me has permitido ser: su mamá.

¿Quién está en control?

Ya casi no tengo fuerzas, pero a ti siempre te tendré; ¡mi única fuerza eres tú!

Salmos 73:26 (TLA)

Dios soberano, me gusta estar en control de mis circunstancias, y cuando lo que intento controlar se sale fuera de mis manos, ¿sabes qué pasa? Me enfado. Me enojo cuando mis planes no funcionan. Cuando, por ejemplo, intento coordinar todo el futuro, educación, salud, bienestar de mi hijo, pero las cosas no salen como se planean. Me siento desamparada cuando mis planes no funcionan. Ayúdame a confiar en ti, y que tú tienes control sobre todo lo que no controlo. Ayúdame a hacer planes que tengan sentido y no afanarme por lo que no puedo controlar. Protege a mi niño y que se desarrolle de acuerdo con el plan que tienes para él. Ayúdame a descansar en ti y recuérdame que no sé todo y que no lo puedo todo. No quiero que con mi afán de controlar frustre el plan que tienes para mi hijo. Refréscame con tu descanso, energía y fuerzas. En tu infinita gracia. Amén.

ORACIONES PARA EL NIÑO PEQUEÑO

La mamá de «ese» niño

Humillaos, pues, bajo la poderosa mano de Dios, para que él os exalte cuando fuere tiempo.
1 Pedro 5:6 (RVR60)

Padre, soy la mamá de «ese» niño: el que tira los crayones, el que no pone atención en la iglesia, el que pega y arrebata. Detesto cuando me llaman aparte para darme quejas. ¿Qué debo hacer? Te pido sabiduría para saber guiar y conducir a mi hijo, pero más que nada, te pido por mi orgullo herido. Es humillante no ser experta en un área. Con facilidad he criticado a otras madres que tienen niños que hacen cosas que desapruebo, y duele estar ahora del otro lado. Así que, antes de señalar, criticar, juzgar, hoy me rindo a ti y te entrego mi dolor, mi confusión y mi soberbia. Dame la humildad para reconocer el problema, aceptar mi culpa en ello y recibir tu gracia sanadora. Amén.

ORACIONES

para el niño escolar

ORACIONES PARA EL NIÑO ESCOLAR

Por la comida

Danos hoy el pan nuestro de cada día.
Mateo 6:11 (LBLA)

Ven a nuestra mesa hoy, Señor. De tus manos amorosas recibimos la comida. Nunca ha faltado el alimento en casa, aunque quizá no hemos sido agradecidos por ello. Quiero enseñar a mis hijos que antes que el pan fue la harina, y antes de la harina el trigo. Y antes del trigo, la lluvia y el sol. Y a final de cuentas estás tú, dador y buen vecino. Bendice hoy estos alimentos que tenemos al frente. Gracias por la comida que nos das. Enséñanos también a compartir con los demás. Mi Dios, da el pan a los que tienen hambre. Pero a nosotros que tenemos pan, danos hambre de justicia y de ti. Amén.

Oración de lunes

Ahora, pues, permanecen estas tres virtudes: la fe, la esperanza y el amor. Pero la más excelente de ellas es el amor.

1 Corintios 13:13 (NVI)

Danos amor en este lunes, Dios de amor. Amor por tu creación a la que debemos cuidar y proteger. Amor a los vecinos que nos rodean a quienes debemos respeto y cordialidad. Amor por nuestro trabajo, sea estudiar, llevar un oficio o limpiar la casa. Amor por cada miembro de la familia, aunque los lunes sea el día por excelencia en que nuestros defectos afloran. Después de un fin de semana de descanso y cambio de rutina, volvemos a las actividades del lunes a veces con cansancio y fastidio. Que sea un buen ejemplo para mis hijos en este lunes, y que muestre que el amor todo lo soporta, incluso el primer día de la semana laboral. Amén.

ORACIONES PARA EL NIÑO ESCOLAR

Confesión por el pecado

... pero donde el pecado abundó, sobreabundó la gracia, para que así como el pecado reinó en la muerte, así también la gracia reine por medio de la justicia para vida eterna, mediante Jesucristo nuestro Señor.

Romanos 5:20-21 (LBLA)

Eterno Señor, hoy mis hijos han pecado; han transgredido tus mandamientos. Y aquí estoy hoy, confesando junto a ellos, pues yo también me equivoco. Sin embargo, recuerdo tu palabra y por eso te pido que, aunque hoy el pecado abunda en mi casa, tu gracia sobreabunde. Que no reine la muerte, sino la vida que viene de ti. Te entrego cada pecado, cada pena, cada error, mío y de mis hijos, y te ruego que tu gracia cubra nuestras faltas y que tu luz vuelva a brillar en nosotros. Lo hago en el poder de la sangre de Cristo. Amén.

Cuidar a la familia

Porque si alguno no provee para los suyos, y mayormente para los de su casa, ha negado la fe, y es peor que un incrédulo.

1 Timoteo 5:8 (RVR60)

Gran Yo Soy, tu palabra es muy clara para mí. Aunque parezca increíble, sé que hay padres que no cuidan correctamente a sus hijos. Quizá yo también he fallado en proveer para ellos y te pido perdón. Sé que mi rol es buscar el bienestar de mis hijos de manera integral. Permite que cuide de sus espíritus, al instruirlos en tu palabra. Deseo cuidar su mente y sus emociones, sosteniendo con ellos una relación saludable. Anhelo proveer para sus necesidades físicas, desde techo a comida y abrigo. Fallar en esto, es negar mi fe. No quiero eso. Así que, ayúdame, Señor, y también exhorta a algunos otros padres que vienen ahora a mi mente y que están batallando con ofrecer el cuidado correcto a sus hijos. Habla a sus corazones y tráelos al arrepentimiento. Amén.

Madre soltera

Dios, que habita en su santo templo, es padre de los huérfanos y defensor de las viudas.
Salmos 68:5 (DHH)

Estoy criando estos niños sola, Señor. No hay esposo en la ecuación. Son hijos de un padre ausente por circunstancias particulares y dolorosas. ¿Cómo podré yo sola hacer un buen trabajo? Una y otra vez leo que los hijos necesitan un padre. Pero tú eres su padre, Señor. Te los entrego como tus hijos y te pido que seas para ellos lo que no tienen en este mundo. Sé el padre fuerte que los proteja de los peligros y los abrace cuando tengan miedo. Sé el padre sabio que les aconseje y les ayude con los problemas de matemáticas. Sé el padre bueno que juegue con ellos y ría de sus ocurrencias. Sé el padre bueno que sostenga a la madre cuando ella no pueda más. Me siento sola, Señor, pero te tengo a ti. Ayúdame a no olvidarlo jamás. Amén.

Risas

El corazón alegre es una buena medicina, pero el espíritu quebrantado consume las fuerzas.
Proverbios 17:22 (NTV)

Señor del gozo y de la alegría, me encanta escuchar la risa de mis hijos. Creo que es lo que más extraño cuando no están. La casa se siente tan vacía cuando sus carcajadas no hacen eco en las paredes. A veces quisiera grabar esas risas para guardarlas en mi corazón, pero sé que las llevo dentro. Imagino que tú, Señor Jesús, también reíste mucho. Reíste con tus discípulos y con los niños con los que te encontrabas. Probablemente reíste muchas veces con tus padres y con tus amigos. Sé que hay tiempo para reír y tiempo para llorar, pero gracias por la risa que reduce el estrés y libera endorfinas, que estimula el corazón y ayuda con la salud. Pero, sobre todo, gracias por las risas que podemos tener en familia, que nos recuerden que nos amamos.

Explicaciones

Porque el que siembra para su carne, de la carne cosechará corrupción; mas el que siembra para el espíritu, del espíritu cosechará vida eterna.

Gálatas 6:8 (RVR60)

Padre amado, crecí con frases como: «Porque yo lo digo» o «así debe ser», pero sé que mis hijos son inteligentes y pueden entender muchos porqués. Ayúdame a ofrecer explicaciones cuando sea posible. Quiero invitarlos a pensar y dar buenas ideas. Tú haces eso con nosotros. Nos recuerdas que obedezcamos ciertas reglas y delineas las consecuencias o las razones detrás. Dame sabiduría para explicarles que a veces debo decir «no» a ciertas películas porque no están en edad para comprenderlas, que en ocasiones no es sabio que les dé permiso para actividades que pueden resultar en accidentes, que ciertas comidas a la larga pueden causarle enfermedades. Gracias por ser un gran ejemplo de un padre que ama y nos invita a obedecer usando nuestra inteligencia. Amén.

Lazos de amor

Lo atraje con cuerdas de ternura, lo atraje con lazos de amor. Le quité de la cerviz el yugo, y con ternura me acerqué para alimentarlo.

Oseas 11:4 (NVI)

Dios de amor, amo a mi hijo desde que nació. Le he enseñado a caminar y lo tomo de la mano cuando va titubeante de un lado al otro. Pero, a veces, debo también ser firme y no dejarlo ir por lugares donde sé que tendrá accidentes. Me recuerda a los lazos con que atamos al caballo para que podamos montarlo. Si bien sé que mi hijo necesita estas cuerdas, no quiero que sean sogas que lastiman o reprimen, que son usadas con crueldad y egoísmo. Dame esas cuerdas de ternura que usas con nosotros. Esos lazos que nos sujetan a un lugar para que puedas acercarte a alimentarnos o sanar nuestras heridas. Que todo lo que haga sea caracterizado por el amor tierno que tienes para conmigo. Amén.

ORACIONES PARA EL NIÑO ESCOLAR

Aprender un instrumento

Cuatro mil eran porteros y cuatro mil alababan al Señor con los instrumentos que David había hecho para rendir alabanza.

1 Crónicas 23:5 (LBLA)

Tú eres el músico por excelencia, pues concebiste la belleza de los sonidos. Ahora mis hijos comenzarán sus clases para dominar un instrumento musical. Dales la tenacidad y la disciplina para practicar. Ayúdales a recordar que no se logra tocar como un experto con dos o tres clases, sino con días, meses y años de preparación. Pero muéstrale, también, cómo un instrumento en las manos de un profesional puede producir bellas melodías. Del mismo modo, que mis hijos sean un instrumento de tu paz en tus manos. Que se dejen guiar por tus hábiles dedos para crear esas sinfonías de amor, de aceptación y de gozo que este mundo tanto necesita. Amén.

Por la comunidad de fe

Se mantenían firmes en la enseñanza de los apóstoles, en la comunión, en el partimiento de pan y en la oración.

Hechos 2:42 (NVI)

Señor del Día de Reposo, nos reunimos hoy, como cada semana, como una familia. Pido que esta comunidad de fe no solo sea un bálsamo para mi corazón sediento, sino también un refugio de la tormenta para mis hijos. Que aquí encuentren ejemplos verdaderos de fe. Que al escuchar tu palabra sus corazones palpiten. Que al orar, sus corazones piensen en ti. Que al observar la liturgia, cualquiera que esta sea, sus pensamientos se centren en ti. Sobre todo, que la cruz de Cristo ocupe un lugar importante, para que juntos recordemos que solo por Jesús podemos ser hermanos y que solo por él podemos presentarnos delante de ti. Que el ejemplo de humildad y sacrificio, de amor y compasión que vemos en la cruz, nos inunde este domingo. Amén.

ORACIONES PARA EL NIÑO ESCOLAR

El alma

Por sobre todas las cosas cuida tu corazón, porque de él mana la vida.

Proverbios 4:23 (NVI)

Señor, santifica el cuerpo, el alma y el espíritu de mis hijos. Pero, ayúdame a recordar, que debo pensar constantemente en sus almas, en esa parte intangible, invisible, pero eterna, que hace a cada uno de mis hijos únicos. En cada paso, plan o situación que mi pregunta sea: «¿Cómo afectará esto su alma?». Ayúdame a tomar esto con seriedad y consideración, sabiendo que esa parte de mi hijo es delicada y frágil. Que como a una semilla que es depositada en la tierra, su alma se riegue con el agua de tu palabra, que el amor mío y tuyo caigan sobre la plántula como los rayos del sol, que el oxígeno de tu espíritu sostenga el tallo. Que su alma florezca como una rosa y sus pétalos desprendan el aroma de tu presencia en su vida. Lo pido en el nombre de Jesús.

Por los amigos de mis hijos

Algunas amistades se rompen fácilmente, pero hay amigos más fieles que hermanos.
Proverbios 18:24 (DHH)

Señor, hoy mi hija llegó llorando por problemas con las amigas. Que si la invitaron a la fiesta o que si no. Que si debe hablar a tal niña o no. Me está costando entender todo este concepto de amistades. Los niños a veces pueden ser tan crueles, y a veces me pregunto si mi hija se siente amada o aceptada, si sufre por comentarios hostiles. Te pido sabiduría. ¿Cómo ayudo a mi hija a navegar todo este tema de las amistades? Tú, Jesús, fuiste rechazado y despreciado. Entiendes mejor que nadie lo que es la traición de los más allegados. Y aún así fuiste compasivo; incluso en la cruz perdonaste a quienes te lastimaron. Guarda el corazón de mis hijos y dame discernimiento al aconsejarlos y escucharlos. Y, Señor, dale por lo menos un buen amigo o una buena amiga. Amén.

ORACIONES PARA EL NIÑO ESCOLAR

Un hijo que sufre

Y oyó Dios la voz del muchacho; y el ángel de Dios llamó a Agar desde el cielo, y le dijo: ¿Qué tienes, Agar? No temas; porque Dios ha oído la voz del muchacho en donde está.

Génesis 21:17 (RVR60)

Señor que sanas, ¡mi hijo está sufriendo! Nuevamente estamos en el desierto, pero esta vez siento que no puedo más. No soporto ver a mi hijo postrado, a punto de perder la esperanza. Enfermedad, hambre, pobreza. ¿Escuchas sus gemidos, su llanto, su dolor? Yo lo siento como si fuera mi pena; quizá me duele aún más que cuando he sentido mi cuerpo desfallecer. Pero tú escuchaste el llanto de Ismael cuando, a punto de morir en el desierto por falta de agua, descendiste y proveíste una fuente de agua. Por lo tanto, haré lo mismo. Me levantaré y lo consolaré. Tú abre mis ojos, Señor, para ver el pozo de agua que has preparado para nosotros.

180 ORACIONES PODEROSAS PARA ORAR POR TUS HIJOS

Pagos

... ¡no me des pobreza ni riqueza! Dame solo lo suficiente para satisfacer mis necesidades.

Proverbios 30:8 (NTV)

Jehová Jireh, mi proveedor, hoy me preocupan los pagos que debo hacer. Impuestos, colegiaturas, tarjetas de crédito. Perdóname si no he sido sabia a la hora de gastar. Quizá he adquirido cosas que no necesito, solo porque están de moda o «todo mundo las tiene». También ayúdame porque hay cosas que simplemente se deben cubrir, como gastos de la casa y de comida. Me angustio ante el futuro y a veces veo la billetera vacía. Quiero, sin embargo, confiar en ti. Quiero aprender también a ser sabia en lo que adquiero. Tú proveerás lo que falte. Tú darás al pan de cada día para el sostén de mis hijos. Amén.

ORACIONES PARA EL NIÑO ESCOLAR

Peleas entre hijos

Bienaventurados los que procuran la paz, pues ellos serán llamados hijos de Dios.

Mateo 5:9 (LBLA)

A veces, Señor Jesús, mi casa es un lugar de amor y risas. Pero con frecuencia parece que las paredes se van a derrumbar entre los gritos y peleas de mis hijos que suben de tono con el paso de los minutos. Lo peor es que, en mi desesperación, muchas veces me uno a la locura y solo logro que todo empeore. ¿Cómo pueden llevarse bien? Dame sabiduría para manejar la situación. Tú también tuviste que detener las discusiones de tus discípulos, que peleaban por ser el más importante. ¿Cómo lo hiciste? Con tu ejemplo. Con imparcialidad. Del mismo modo, que sea yo justa y firme y que, como familia, aprendamos a perdonar, amar y buscar la paz.

Tiempo a solas para mamá

Y, como no tenían tiempo ni para comer, pues era tanta la gente que iba y venía, Jesús les dijo: —Vengan conmigo ustedes solos a un lugar tranquilo y descansen un poco.

Marcos 6:31 (NVI)

Dios del día de descanso, me siento como si me estuvieran estirando tanto que estoy a punto de quebrarme. Confieso que he estado molesta, respondiendo con ira a mis hijos por cosas insignificantes. Cosas pequeñas como basura fuera del bote o leche tirada sobre la mesa me ponen furiosa. La realidad es que han sido tiempos demandantes y estoy fatigada. Necesito un poco de tiempo para mí misma, y mis hijos también me necesitan descansada. Envíame, Señor, tiempos de refrigerio. Si es necesario, ayúdame a pedirlos y buscarlos. Quizá una hora sola con una taza de café, o una limonada fresca. ¿Un tiempo a solas con una amiga preciada? ¿Ir al salón de belleza para sentirme bella? Quiero entrar a tu descanso para ser llena otra vez y para dar a otros. Amén.

Paciencia

El amor es paciente, es bondadoso. El amor no es envidioso ni jactancioso ni orgulloso.

1 Corintios 13:4 (NVI)

Dios que tuviste y tienes paciencia conmigo, dame la paciencia de Jesús. Cuando parezca que la vida va lenta y que las cosas no suceden con la rapidez que yo desearía, dame paciencia. Cuando vaya demasiado rápido, haciendo cosas sin realmente fijarme en nada y uniéndome a la carrera desenfrenada del mundo moderno, dame paciencia. Ayúdame a centrar mi atención en el momento. El pasado ya quedó atrás; tú puedes perdonarlo y redimirlo, pero yo no puedo cambiarlo. El futuro está en tus manos y muy lejos de mi control. Así que lo único que puedo hacer es enfocarme en el presente, pero con la paciencia que se traduce en amor. Paciencia para respetar los ritmos de mis hijos; paciencia para tomarme un descanso, respirar hondo y hablar contigo. Amén.

Pensamientos

¡Tú guardarás en perfecta paz a todos los que confían en ti, a todos los que concentran en ti sus pensamientos!

Isaías 26:3 (NTV)

Príncipe depaz y maravilloso consejero, obra en mis pensamientos. Mi mente es un enjambre de abejas donde cada una es un pensamiento bueno y malo, positivo y negativo que revolotea alrededor y produce ruido. Muchas veces dejo que las ideas de tragedia y de lucha sobrepasen las ideas de tranquilidad y serenidad. Pero, sobre todo, las abejas se vuelven locas cuando no se centran en la miel que es tu dulce palabra. Fija mis pensamientos en ti, Señor, y no en las muchas distracciones que solo me traen preocupación. Ansío la miel de tu palabra y de tu presencia. Tú me guardarás en perfecta paz cuando mi mente se detenga en ti, porque en ti confía, y me guiarás para el mayor bien de mis hijos. En tu nombre, amén.

Barro moldeable

Ustedes, pueblo de Israel, son en mis manos como el barro en las manos del alfarero.

Jeremías 18:6 (NVI)

Señor, somos como barro en tus manos. Los seres humanos hacemos vasijas de barro hermosas, talladas y pintadas como artesanías de nuestros pueblos. Pero no son solo para mirarlas sino para usarlas, sea para traer agua o guardar flores. Del mismo modo, Padre, mis hijos no son solo necesarios sino hermosos. Cada uno es una unión inseparable de utilidad y belleza. Cada uno puede cumplir con tus planes para ellos. Cada uno es hermoso por ser a tu imagen y semejanza. Que sean barro moldeable y dispuesto a dejarse dar forma. Sé el alfarero que moldea sus vidas, así como moldeas la mía. Amén.

Marta y María

Hay una sola cosa por la que vale la pena preocuparse.

Lucas 10:42 (NTV)

Señor Jesús, soy como Marta, preocupada e inquieta por todos los detalles. Me distraigo por los preparativos de esto y aquello y me enfada cuando otros no cooperan. Pero debo ser como María. Recibirte en mi casa y sentarme a tus pies para escuchar tus enseñanzas. Una sola cosa es importante: estar en tu presencia, pensar en ti, conocerte más. A veces no sé cómo lo puedo lograr en medio del caos de mi vida, pero afina mi oído a tu voz. Permite que distinga cuando me llamas y que acuda a ti con alegría. Lo demás, puede esperar. Pero, como María, quiero descubrir la buena parte, que nadie me quitará. Así también podré transmitirte a mis hijos.

ORACIONES PARA EL NIÑO ESCOLAR

Lista de compras

En cambio, el fruto del Espíritu es amor, alegría, paz, paciencia, amabilidad, bondad, fidelidad, humildad y dominio propio. No hay ley que condene estas cosas.

Gálatas 5:22-23 (NVI)

Señor de orden y perfección, hoy estoy haciendo listas y listas. Listas de lo que tengo que comprar para tener mi alacena surtida para cocinar y artículos para limpiar la casa. Listas de las cosas que tengo que hacer como ir al banco o pagar las facturas. Sin embargo, entre todo lo que tengo que adquirir o que quiero realizar olvido las listas más importantes, como las que me recuerdan el tipo de carácter que debo tener. Dame hoy como prioridad trabajar en cultivar el amor, la alegría, la paz, la paciencia, la gentileza, la bondad, la fidelidad, la humildad y el control propio, especialmente en la relación con mis hijos. Son bellas cualidades que adquirimos de la obra del Espíritu Santo en nuestros corazones cuando le permitimos actuar. Que esta sea hoy mi lista del súper. Amén.

Garantías y riesgos

Nosotros amamos, porque Él nos amó primero.
1 Juan 4:19 (LBLA)

Señor soberano, cada vez que comienzo un proyecto o compro algo, requiero algo que garantice que tendré éxito. Sin embargo, veo que la maternidad no es así. Puedo hacer todo lo que los libros y manuales dicen y aún así no recibir el resultado deseado. Comprendo, sin embargo, que esto es porque la maternidad no se trata de cumplir objetivos sino de amar a una persona. Y el amor siempre conlleva riesgos, principalmente, el de no ser amado de regreso. Tú conoces este tema mejor que nadie. Amas incondicionalmente a las personas y nosotros constantemente te ignoramos o despreciamos. Pero si tú, aun así, has decidido amarnos, entonces significa que vale la pena. Gracias por amarme, Señor. Gracias por amar a mis hijos. Te amo yo también. Amén.

ORACIONES PARA EL NIÑO ESCOLAR

Muerte de una mascota

Hermanos, no queremos que ignoren lo que va a pasar con los que ya han muerto, para que no se entristezcan como esos otros que no tienen esperanza.
1 Tesalonicenses 4:13 (NVI)

Padre, hoy hemos perdido a nuestra mascota y nos duele. Te pido que me ayudes a no subestimar lo que esto implica en mi corazón y más en el de mis hijos. Ayúdame a no hacerlo a un lado por los mismos miedos que yo cargo. Permite que enfrente la situación con entereza, dando espacio para el duelo y la tristeza, pero también para conversaciones que deben llevarse a cabo. Sí, Señor, la muerte es inevitable. Dame sabiduría para hablar del tema, de acuerdo con la edad de mis hijos. Que no dé más información de la necesaria, pero que tampoco los trate como seres inferiores. Que, conforme a la etapa en la que están, hablemos de la muerte, pero sin olvidar que tenemos esperanza. Que no olvide decirles que, así como Dios resucitó a Jesús de los muertos, del mismo modo un día estaremos contigo por siempre. Amén.

Por los maestros de mis hijos

Educa al sabio, y aumentará su sabiduría; enséñale algo al justo, y aumentará su saber.

Proverbios 9:9 (TLA)

Maestro por excelencia, Dios de la enseñanza, te agradezco por los maestros de la escuela de mis hijos. Sé que por algo los has puesto en su camino. Algunos serán mejores que otros. Tal vez unos no compartan nuestra fe ni cosmovisión. Otros estarán lidiando con sus propias penas y frustraciones. Pero en todos ellos, derrama tu espíritu para que sean buenos ejemplos de amor, bondad y justicia. Dales el gozo de ver a sus estudiantes aprender. Inspírales para contagiar a sus alumnos curiosidad y ganas de saber más cada día. Pido también por todos los demás en la escuela, los que limpian y llevan las cuentas, los que los mantienen seguros. Que todos cooperen para hacer de la escuela un buen lugar para aprender. Amén.

Mentiritas

Dejen de mentirse unos a otros, ahora que se han quitado el ropaje de la vieja naturaleza con sus vicios.

Colosenses 3:9 (NVI)

Dios de la verdad, perdona mis muchas mentiras. Reconozco que soy muy mentirosa. Me miento a mí misma diciendo que puedo o que soy mejor que los demás. Miento de muchas maneras, y a veces le pongo tamaño a mis falsedades. Detesto las mentiras y no tolero que alguien me engañe, pero cuando se trata de «mis» mentiras actúo de una forma distinta. Mis hijos, tristemente, están aprendiendo de mí. Escuchan mis excusas, que realmente son mentiras, para no ir a tal o cual lugar, o hacer cierta cosa. Me oyen mentir cuando las lágrimas fluyen y les digo que estoy bien. Saben que miento cuando no hago lo que predico. Dios de verdad, perdóname y cámbiame. Líbrame de las mentiras.

Consolación

Y ella dijo: Halle tu sierva gracia delante de tus ojos. Y se fue la mujer por su camino, y comió, y no estuvo más triste.

1 Samuel 1:18 (RVR60)

Dios de toda consolación, así como viniste a Ana cuando ella oró y derramó su alma delante de ti, responde a mi oración con consuelo. Tú traes serenidad en nuestras desilusiones y nos das fuerza para enfrentar cualquier situación. Ana volvió a su casa, no con la seguridad de que tendría un hijo, sino con la confianza de tu presencia. Ella no estuvo más triste y yo tampoco quiero que mis hijos y yo sigamos así. Tú conoces nuestros problemas, así que ven y danos tu gracia en estas circunstancias. Sé que nadie más puede tranquilizar nuestros temores ni satisfacer nuestras necesidades. Agradezco por las oraciones grandes y pequeñas que has contestado, y sé que oirás las de hoy también. Mientras espero que actúes, danos paz para avanzar y no estar más tristes. Amén.

Controlar la lengua

Si afirmas ser religioso pero no controlas tu lengua, te engañas a ti mismo y tu religión no vale nada.

Santiago 1:26 (NTV)

Oh, Señor, parece que nos equivocamos cada vez que abrimos la boca. Si pudiera encontrar alguien cuyas palabras siempre fueran verdad, conocería a alguien perfecto, en control de su vida. ¡Cómo puede algo tan pequeño como la lengua causar tanto daño! Con nuestras palabras podemos arruinar el mundo o cambiar el caos en armonía. Podemos enlodar una reputación o refrescar al sediento. Por esa razón, controla tú lo que mis hijos y yo hemos de decir, sobre todo delante de mis hijos y de otros pequeños. Refrena nuestra lengua para hablar menos, pues es el secreto para pensar antes de hablar. Que seamos lentos para comunicarnos y rápidos para oír a los demás. La sabiduría viene de ti, así que enséñanos a callar, a veces ante el enojo, incluso en ocasiones por amor. Amén.

Primer día de escuela

Tus oídos lo escucharán. Detrás de ti, una voz dirá: «Este es el camino por el que debes ir», ya sea a la derecha o a la izquierda.

Isaías 30:21 (NTV)

Maravilloso consejero, mi hijo sale hoy para la escuela. Ya no podré estar ahí, pendiente de todo lo que hace o dice, ni podré evitar que escuche el mal consejo de los demás. Pero si bien yo no estoy ahí, tú sí. Tú estás en todo lugar y, por lo tanto, acompañas a mi hijo. Te pido que él escuche tu voz. Que oiga detrás de él y dentro de él tu voz indicando el camino que debe seguir. Ante las malas propuestas, dale fuerza para decir «no». Ante las críticas y burlas, mantenlo apartado de las malas lenguas. En medio de los ejemplos incorrectos, ayúdalo a tomar las decisiones que te agraden. Amén.

ORACIONES PARA EL NIÑO ESCOLAR

Andar en bicicleta

Yo soy la vid y ustedes son las ramas. El que permanece en mí, como yo en él, dará mucho fruto; separados de mí no pueden ustedes hacer nada.

Juan 15:5 (NVI)

Recuerdo, Señor, cuando aprendí a andar en bicicleta. Quería sentir la libertad de trasladarme en dos ruedas. Implicaba independencia y aventura. Pero no fue fácil. Debí aprender a equilibrarme. Tuve que caerme algunas veces para aprender cómo tomar las curvas o para darme cuenta de que estaba siendo demasiado intrépida. Hoy mi hijo está aprendiendo a andar en bicicleta. Protégelo de las caídas y los choques. Permite que aprecie el movimiento y disfrute los nuevos caminos a recorrer. Sobre todo haz que al aprender a balancearse, reconozca que todo en esta vida necesita equilibrio, y el mejor viene de ponerte a ti al mando del manubrio. Amén.

Salvación de un hijo

Así os digo que hay gozo delante de los ángeles de Dios por un pecador que se arrepiente.

Lucas 15:10 (RVR60)

¡Hoy hay fiesta en el cielo y también en mi corazón! ¡Qué gran privilegio me has dado, salvador Jesucristo! Nada puede compararse a la alegría que me inunda porque mi hijo ha creído en ti. Mi hijo ha reconocido su pecado y su necesidad del salvador. Pero, además, ha comprendido que eres el único capaz de salvarnos por medio de tu sacrificio en la cruz. Gracias, mi Señor, porque mi hijo llegó a los pies de la cruz doblado por el dolor de su pecado, pero ahora levanta la frente y contempla tu entrega y se sabe salvo. Mi Dios, ¡gracias! Hago fiesta en mi interior pues mi hijo ya jamás se separará de tu amor nuevamente, ni en esta vida, ni en la venidera. Amén.

Criar sin egoísmo

Por la gracia que se me ha dado, les digo a todos ustedes: Nadie tenga un concepto de sí más alto que el que debe tener, sino más bien piense de sí mismo con moderación, según la medida de fe que Dios le haya dado.

Romanos 12:3 (NVI)

Dios de amor, en una cultura orientada al «yo» y a criar hijos egoístas, te pido sabiduría y ayuda. A veces siento que mis hijos necesitan cosas materiales y por eso les compro lo que yo siempre quise y no pude tener. En otras, les hago sentir como si fueran el centro de la familia y cumplimos todos sus caprichos. Pero no es así como debe ser. Ayúdame a hacerles ver que existen otros y que sus necesidades también son válidas e importantes. Para eso, dame fuerza para a veces decir «no». Esto no resulta natural, pues ellos son bombardeados con comerciales que aseguran que necesita ciertas cosas para ser felices. Por eso, permite que sea yo un ejemplo de humildad y moderación en primer lugar, y muéstranos maneras específicas para practicar el amor al prójimo. Amén.

Muchas actividades

Todo tiene su tiempo, y todo lo que se quiere debajo del cielo tiene su hora.

Eclesiastés 3:1 (RVR60)

Ayúdame, Señor. Fútbol, inglés, ballet, música. Mis amigas llevan a sus hijos a tutorías, clases de artes y deportes sofisticados. ¿Qué decido yo? ¿Es mejor la mamá que los tiene más ocupados? Sé que no es verdad. Tantas actividades me pueden estresar. A la larga, lo mejor es detenerme y recordar que todo tiene su tiempo. Mis hijos solo serán niños unos años. Esta es la edad de jugar, más que tener trofeos; es la época para imaginar y crear, más que poner sus energías en cosas que pueden hacer después. Dame sabiduría, como a Salomón, para saber a qué decir «sí» y a qué «no». Líbrame de la presión de grupo y ayúdame a recordar que todo tiene su tiempo. Amén.

ORACIONES PARA EL NIÑO ESCOLAR

Boletín de calificaciones

Por lo tanto, ya no hay condenación para los que pertenecen a Cristo Jesús.

Romanos 8:1 (NTV)

Hoy debo firmar el boletín de calificaciones de mis hijos. Ayúdame, Señor, a alabar sus progresos, a felicitarlos por sus esfuerzos y animarlos en las áreas en las que puedan mejorar. Pero al mirar la libreta con las calificaciones pienso en mí misma y en cómo veo tantas cosas a mi alrededor como una gran boleta de evaluación. Vivimos como si todos estuvieran calificando nuestro desempeño todo el tiempo. Permítenos recordar que en esta vida hemos reprobado en todas las áreas por causa del pecado, pero que el sacrificio de Jesús en la cruz nos ha liberado de la culpa y nuestras transgresiones, y que hoy podemos vivir libre de condenación. ¡Gracias, Jesús, por pagar por nuestros pecados y librarnos de las cadenas de una existencia que se base en nuestros aciertos y desaciertos! Amén.

Fracturas

Él es la Roca, cuya obra es perfecta, porque todos sus caminos son rectitud; Dios de verdad, y sin ninguna iniquidad en él, es justo y recto.

Deuteronomio 32:4 (RVR60)

Roca de la eternidad, hoy uno de mis hijos se fracturó un hueso. Gracias porque la protegiste de algo peor y porque pronto sanará. Gracias por los avances médicos y la maravilla del cuerpo humano. Pero me ha hecho recordar cómo su pie resbaló por no andar en terreno firme. Por eso, hoy te pido que sostengas a mis hijos firmes en ti, que eres la roca. No permitas que te menosprecien, roca de nuestra salvación. Líbranos de olvidarte, roca que nos creaste. Las personas buscan sostén en sus vidas, pero la roca de ellos no es como nuestra roca. Sus rocas son tambaleantes e inseguras. Roca de Israel, queremos refugiarnos en ti. Sí, nuestra roca fuerte, guárdanos de caer.

La misericordia de Dios

Ciertamente el bien y la misericordia me seguirán todos los días de mi vida, y en la casa de Jehová moraré por largos días.

Salmos 23:6 (RVR60)

Oh, Señor, a veces pienso que soy tan mala que mis hijos crecerán pensando que fui la peor madre del mundo. Hoy perdí los estribos y grité, pero por la noche los dos se acurrucaron conmigo para leer un cuento. ¡No merezco tanta bondad! Luego pensé en mi propia infancia. Supongo que mi mamá también tuvo días malos, pero ¡no lo recuerdo! Solo me acuerdo de sus abrazos y su apoyo incondicional. Leí que el salmo 23 nos recuerda que el bien y tu misericordia nos siguen. Así como al terminar el día voy cuarto por cuarto recogiendo juguetes, limpiando detrás de los piecitos sucios que entran del jardín, tu misericordia va detrás limpiando mis desastres. Tú me bañas de tu gracia perdonadora. No es que tú o mis hijos olviden mis faltas, es solo que ambos son extremadamente misericordiosos conmigo. Y por eso, ¡gracias!

Cambios

Yo, el Señor, no cambio.

Malaquías 3:6a (NVI)

Dios que no cambia, inmutable señor, la vida, sin embargo, parece ser una constante de cambios. Cambio de casa. Cambio de trabajo. Cambio de ciudad. Cambio de país. Cambio de escuela. Cambio de iglesia. A veces siento que ya no puedo hacerlo más. Ya no quiero empacar, vender mis muebles, conocer a nuevas personas, empezar de cero. Gracias, señor, porque nuestro sostén más grande eres tú. Tú no cambias. Sé con mi familia mientras enfrentamos el cambio. Ayúdame a ser sabia para cuidar el corazón de mis hijos en una nueva transición. Que se sientan escuchados y atendidos, aunque el cambio sea inevitable. Permite que todos recordemos que, en medio de la inestabilidad, estás tú, la roca firme en quien podemos descansar.

ORACIONES PARA EL NIÑO ESCOLAR

Graduación de educación elemental

¡Den gracias al Señor, porque él es bueno! Su fiel amor perdura para siempre.

1 Crónicas 16:34 (NTV)

Sustentador del universo, la vida es muy corta. Hoy mi pequeño cruza el umbral hacia la adolescencia dejando atrás la niñez. Sí, la vida es corta y a veces hay pocos momentos para detenernos a celebrar, pero este es uno de ellos. Así que te agradezco por lo que juntos hemos aprendido en esta etapa educativa. Sé que ya no dependerá tanto de mí ahora y que necesita independizarse cada vez más, por lo que te pido le des lo que necesita para alcanzar el siguiente objetivo. Pero gracias por las lecciones aprendidas, los retos superados, los logros obtenidos. Gracias por la persona que hoy es y que tú seguirás cuidando y moldeando. Gracias por la oportunidad de festejar esta meta. Amén.

ORACIONES

para el adolescente

Excesos

Les dejo un regalo: paz en la mente y en el corazón. Y la paz que yo doy es un regalo que el mundo no puede dar. Así que no se angustien ni tengan miedo.
Juan 14:27 (NTV)

Señor, te pido por los excesos en la vida. El exceso del pasado y de atorarnos ahí que solo trae culpa y depresión. Ayúdanos a recordar que tú ya has perdonado nuestro pecado y has dicho que no te acordarás más de él. El exceso del presente solo provoca estrés. Ir de una actividad a otra y saturarnos con lo que no podemos lograr solo inquieta. Ayúdanos a recordar que cada día trae su propio afán y a disfrutar el momento sin prisas ni turbaciones. El exceso del futuro nos lleva a la ansiedad. No saber qué pasará mañana y temer por los muchos imprevistos me paraliza. Ayúdanos a recordar que en tus manos está el futuro y rodanos de la paz que el mundo no da. Señor, líbranos de los excesos.

Por el crecimiento del adolescente

Jesús crecía en sabiduría y en estatura, y en el favor de Dios y de toda la gente.

Lucas 2:25 (NTV)

Señor, te pido por el crecimiento de mi hijo. En primer lugar, no permitas que menosprecie su potencial para crecer en todas las áreas de su vida. No dejes que me enfoque en una sola área, sino que provea equilibrio en todas las áreas. Ruego que sea enseñable, que escuche las voces de los maestros y adultos importantes, que reconozca que no lo sabe todo y aún hay mucho por aprender. Suplico que sepa en qué enfocarse, que su atención se centre en lo eterno más que en lo temporal, en lo verdadero y no en lo falso, en lo valioso y no en lo superficial. Oro que sea obediente, no rebelde a ti, sino dispuesto a ser la persona que debe ser. Amén.

Adversidad

Esforzaos y cobrad ánimo; no temáis, ni tengáis miedo de ellos porque Jehová tu Dios es el que va contigo; no te dejará ni te desamparará.

Deuteronomio 31:6 (RVR60)

Padre, no nos has prometido una vida libre de problemas. De hecho, nos advertiste que en el mundo tendríamos aflicción. Has declarado que las pruebas son necesarias para aprender paciencia. Nos recuerdas que tenemos enemigos y, por lo tanto, conflicto y dificultades. Sin embargo, la mayor promesa que hemos recibido se resume en lo siguiente: tú con nosotros en medio de la tormenta. No nos dejarás. Cuando mis hijos adolescentes enfrenten tentación o desánimo, ahí estarás tú. Cuando venga la enfermedad o la muerte, ahí estarás tú. Y tu presencia es la que trae esperanza, paz y gozo. Tu presencia es la que calma los temores y suaviza las heridas. Tu presencia es la que nos recuerda que todo estará bien. Amén.

Tristeza

Pues la clase de tristeza que Dios desea que suframos nos aleja del pecado y trae como resultado salvación. No hay que lamentarse por esa clase de tristeza; pero la tristeza del mundo, a la cual le falta arrepentimiento, resulta en muerte espiritual.
2 Corintios 7:10 (NTV)

Salvador, tú no tuviste miedo de mostrar tu tristeza. Lloraste por la muerte de tu amigo Lázaro y al ver la incredulidad de los habitantes de Jerusalén. Yo me siento triste hoy y noto como a veces mis hijos también lo están. Sentimos tristeza ante la enfermedad y la muerte de nuestros seres queridos. Sentimos tristeza cuando alguien peca contra ti. Permite que la tristeza se transforme en alegría después de pasar por el proceso de arrepentimiento, de entrega a ti y de humildad. Sé que la tristeza no durará para siempre. Sé también que el efecto de las lágrimas me produce alivio y por lo tanto es bueno, natural y sano que llore. Solo no permitas que la tristeza carezca de esperanza. Danos la confirmación de tus promesas y palabras. Amén.

ORACIONES PARA EL ADOLESCENTE

Consumismo

Y luego dijo: «¡Tengan cuidado con toda clase de avaricia! La vida no se mide por cuánto tienen».
Lucas 12:15 (NTV)

Creador del universo, recuerdo cuando de niños llevaba a mis hijos al supermercado y me pedían esto o aquello. También me acuerdo de las listas de Navidad con todo lo que soñaban tener. Ahora veo la ansiedad de mis hijos adolescentes por la ropa de marca que anhelan o el equipo deportivo o los aparatos electrónicos que creen que traerán felicidad. Siempre hemos querido darles todo y complacer sus sueños, tal vez porque no los tuvimos. ¿Pero hacemos bien? ¿No estaremos fomentando el consumismo? Danos sabiduría para saber cuándo decir «no» y cuando «sí». Que seamos ejemplo de lo que tu palabra enseña, ya que la vida no consiste en lo mucho o poco que tenemos. Somos ricos cuando tenemos una relación contigo. Esa es la verdadera abundancia de la vida. Amén.

Miedo a no ser amada

Pero Dios prueba que nos ama, en que, cuando todavía éramos pecadores, Cristo murió por nosotros.
Romanos 5:8 (DHH)

Padre, me he dado cuenta de actitudes erróneas en mí. Libro a mis hijos de sus problemas sin permitir que enfrenten las consecuencias, todo el tiempo les doy otra oportunidad sin ir al fondo del asunto. Si hacen berrinche los ignoro, evito conflicto con ellos y me uno a buscar culpables. En el fondo, he reconocido algo: quiero que mis hijos —al igual que mi cónyuge— satisfagan mi necesidad de ser amada. Por lo tanto, hago lo necesario para que nadie se enfade conmigo y sentirme amada por los demás. Pero sé que es una mentira. Nadie puede hacer lo que solo tú, nadie puede amarme como tú. Y solo cuando crea y experimente tu amor, podré amar a mis hijos sin esa carga. Tú me amas incondicionalmente. Soy amada.

ORACIONES PARA EL ADOLESCENTE

Preocupaciones

Así que no se preocupen por el mañana, porque el día de mañana traerá sus propias preocupaciones. Los problemas del día de hoy son suficientes por hoy.

Mateo 6:34 (NTV)

Oh, mi Dios, cómo me gusta tejer posibles escenarios que solo me dejan exhausta. Sé que uso mi imaginación de manera negativa. ¿Será que solo busco controlar el futuro? ¡Más bien la ansiedad me controla a mí! Pero sé que la manera de quitar las preocupaciones es siendo agradecida. Cuando analizo las veces que has cuidado de mis hijos y los has guiado por el buen camino, mi alma descansa. Siempre habrá motivos para angustiarme. Desde que nacieron pinto en mi mente crueles escenarios. Mejor, hoy quiero agradecer las pequeñas cosas. Que la ansiedad no apague mi gratitud por todo lo que haces en mí y especialmente en mis hijos. Que mis preocupaciones no extingan tu amor y compañía. Amén.

Enojo

«Oh, Israel, mi pueblo infiel, regresa otra vez a mí, porque yo soy misericordioso. No estaré enojado contigo para siempre».

Jeremías 3:12 (RVR60)

Estoy enojada, maravilloso consejero. Vengo a ti en busca de consejo y de calma. Me he molestado y enfadado por algo que mis hijos hicieron. No me ha gustado su actitud. Me han herido sus acciones. Han provocado en mí una ira que no me creí capaz de sentir. Sé que debe haber corrección y disciplina por amor, pero lo que ahora te pido es que cambies mi corazón. Que lo suavices. Que me ayudes a perdonar. Tú muestras vez tras vez un perdón maravilloso. No nos guardas rencor para siempre. Siempre estás dispuesto a ofrecer tu amor y perdón a cada uno de nosotros. Del mismo modo, quita mi enojo y ayúdame a desechar la ira contra mis hijos. No permitas que permanezca enojada con ellos. Amén.

ORACIONES PARA EL ADOLESCENTE

Fe no fingida

Trayendo a la memoria la fe no fingida que hay en ti, la cual habitó primero en tu abuela Loida, y en tu madre Eunice, y estoy seguro que en ti también.
2 Timoteo 1:5

Dios Padre, dame una fe sincera y no fingida, como la que tuvieron Loida y Eunice, la abuela y la madre de Timoteo. Permite que esté tan llena de ti y de confianza en ti que mis hijos anhelen buscarte. Dame la oportunidad de enseñar desde la niñez tu sagrada palabra a mis hijos para que reciban la salvación que viene por confiar en ti. Pido que mis hijos sepan que tu palabra es verdad, porque saben que pueden confiar en mí, no porque sea perfecta, sino porque dependo de ti. Sí, Señor, aumenta mi fe, perfecciona mi fe, aviva mi fe, para ser de ejemplo a mis hijos y nietos. Amén.

Antes de un examen

Si necesitan sabiduría, pídansela a nuestro generoso Dios, y él se las dará; no los reprenderá por pedirla.

Santiago 1:5 (NTV)

Dios de la sabiduría, sé una luz para la mente de mis hijos al responder sus exámenes. Es cierto que hay pruebas más importantes que otras. De algunos de estos exámenes depende su futuro académico. Pero sean pequeños o grandes, fáciles o complicados, semanales o anuales, da paz a mis hijos antes de comenzar. Que puedan trabajar con confianza y dar lo mejor de sí mismos. Que recuerden lo que han aprendido y comprendan las instrucciones de lo que leen. Que lo que han repasado con anterioridad cobre sentido al contestar cada pregunta. Pero, sobre todo, ayúdame a recordarles que tú y yo los amamos sin importar la nota que obtengan. Amén.

Acumular

O supongamos que una mujer tiene diez monedas de plata y pierde una. ¿No enciende una lámpara, barre la casa y busca con cuidado hasta encontrarla?

Lucas 15:8 (NVI)

Oh, Padre, no soy la mamá más organizada. A veces no puedo encontrar las facturas o las llaves. Me he propuesto limpiar el armario y encuentro cosas que creí perdidas y otras que había olvidado que compré. Acumulamos demasiado: ropa, artículos de papelería, comida. Parece que tenemos un miedo escalofriante a quedarnos sin nada, a carecer de algo, a quedarnos atrás. Pero al estar limpiando, también tiro muchas cosas a la basura. Cosas inservibles, rotas, atrofiadas. Danos a toda la familia la sabiduría para ahorrar más, usar las cosas y no desperdiciar. Pero sobre todo, gracias porque aunque estemos rotos o atrofiados, no nos botas a la basura, sino que nos remiendas y nos haces personas nuevas. Amén.

Compasión

Como el padre se compadece de los hijos, se compadece Jehová de los que le temen.
Salmos 103:13 (RVR60)

Señor misericordioso y clemente, qué gran responsabilidad me has dado. Soy la encargada de dar ejemplo a mis hijos de tu carácter y tus cualidades. Debo, por lo tanto, exhibir compasión y no dureza. Muéstrame cómo ser compasiva y mostrar ese amor inalterable, incondicional y extenso que tú tienes. Dame la fuerza para perdonar a cada ofensa; para frenar mi mano cuando es empujada por la ira y la frustración, y no por la disciplina que nace del amor. No dejes que mi intolerancia y mi egoísmo se interpongan. Mi más grande anhelo es que mis hijos te conozcan como su Dios, su salvador, su padre. No quiero obstaculizar su camino al ser una madre poco compasiva. Dame de tu misericordia, Señor.

Emociones

Nadie más que tú conoce realmente tus tristezas y tus alegrías.

Proverbios 14:10 (TLA)

Dios que todo lo sabe, definitivamente, no entiendo las emociones que mi hijo adolescente experimenta. Sus altos y bajos me descontrolan. Sus arranques de ira a veces me enfurecen. Su introspección y ganas de aislarse me preocupan. Me duele que ya no sea yo su primera opción para desahogar su corazón. ¡Cómo quisiera meterme en su cabeza! Pero si bien solo mi hijo conoce realmente lo que le entristece, alegra y preocupa, tú lo sabes también. Tú incluso sabes lo que vamos a decir antes que abramos la boca. Así que, Dios bueno, pido que mi hijo venga a ti con su equipaje de emociones. Sé tú quien lo consueles, lo guíes y amanses su indomable conjunto de hormonas; ayúdalo a entenderse a sí mismo. Amén.

Estima

... porque te amo y eres ante mis ojos precioso y digno de honra.

Isaías 43:4 (NVI)

Creador del universo, hiciste a mi hija hermosa y a mi hijo brillante. Sin embargo, la escuela secundaria puede ser un verdadero pesar. Las burlas son la orden del día; los diferentes son menospreciados. La autoestima de mis hijos puede ser lastimada y destruida con solo unas palabras o un *post* en las redes sociales. Mi Dios, protege a mis hijos de los labios mentirosos y crueles. Ayúdales a recordar que son criaturas tuyas y, por lo tanto, son valiosos y hermosos. También dales el valor para proteger a los más débiles de los que ofenden y hieren. Hemos sido creados para tu gloria y por lo tanto para brillar. Que en el hogar pueda dar a mis hijos las alas para volar.

ORACIONES PARA EL ADOLESCENTE

Primero mi casa

Pero no anduvieron los hijos por los caminos de su padre, antes se volvieron tras la avaricia, dejándose sobornar y pervirtiendo el derecho.

1 Samuel 8:3 (RVR60)

Hoy leí la historia de Samuel el profeta, Señor. Me parece un hombre santo y loable, con una madre piadosa y devota. Sin embargo, en algún lugar del camino de su paternidad, tu mensaje no se transmitió a sus hijos. Esa abuela llena de fe que crió a un hijo valiente e incorruptible no parece haber influido en sus nietos, que no fueron como su padre. Con temor y temblor vengo ante ti, sabiendo que me puede pasar lo mismo. Por esa razón, te pido sabiduría al educar a mis hijos. No permitas que anteponga nada, ni siquiera el servicio a ti, a la sagrada misión que tengo de instruir a mis hijos primero. Corrígeme, Señor, cuando me desvíe o falle en esta sagrada misión, para que mis hijos no sean como los de Samuel. En tu nombre, amén.

La cena

Y les dijo: Intensamente he deseado comer esta Pascua con vosotros antes de padecer.
Lucas 22:15 (LBLA)

Eterno Señor, he leído sobre los beneficios de tener por lo menos una comida al día todos juntos, en familia. Puedo citar, entre ellos, que mis hijos comerán mejor y yo prepararé algo más nutritivo. Sin embargo, la verdadera riqueza es la conversación. Comer juntos puedo abrir la puerta a bromear, hablar y profundizar en muchos temas. Sé que las prisas y las responsabilidades de la vida moderna han querido ahogar esta práctica. Todos tienen un horario diferente y, al parecer, está de moda que cada quien se sirva y coma viendo el televisor. Pero yo no quiero eso. Deseo, con todo el corazón, ser una madre proactiva, que promueva y haga todo lo posible por una comida juntos, pues fue ahí, alrededor de la mesa, donde tú diste tus mensajes más profundos y nos pediste hacer memoria de ti.

Tecnología

Me negaré a mirar cualquier cosa vil o vulgar.
Salmos 101:3 (NTV)

Gracias, Padre, por los beneficios de la tecnología. Pero hoy te pido por sabiduría para dos aparatos que amenazan con destruir nuestra armonía. Uno de ellos es el televisor. Me entristece ver que en muchos hogares está siempre encendido, para llenar los espacios y distraer la mente. En segundo lugar, está el teléfono, que tanto influye en todos, especialmente en nuestros hijos. Cuántas veces estamos todos reunidos y cada uno conversa por texto con alguien a kilómetros de distancia. También, en ambos casos, está el peligro de ver cosas que son inmorales y dañinas, impuras y perversas. Líbranos, Señor, de estos enemigos, como la pornografía. También, recuérdanos, Señor, que amamos con los ojos, y al apartarlos de las pantallas y concentrarlos en las pupilas del otro enviamos un poderoso mensaje: «Me importas».

Refugio

Unos días después, cuando Jesús entró de nuevo en Capernaúm, corrió la voz de que estaba en casa.
Marcos 2:1 (NVI)

Señor Jesucristo, quiero hacer de mi hogar un refugio para mi familia y para los demás. Quiero que cada detalle, desde los muebles hasta los espacios, sean una invitación al amor. Quizá, para ello, deba tomar decisiones drásticas. Con o sin dinero, puedo decorar bonito. Tal vez deba buscar más plantas y cosas naturales que hablen de tu creación y deba deshacerme de lo artificial. Pero, sobre todo, quiero que tú seas el principal habitante de nuestro hogar, el huésped por excelencia. O más bien, quiero que te sientas como en casa, pues anhelo que nuestro hogar sea tu casa, y que cuando otros vengan aquí, te puedan percibir. Que todos sepan que nuestra casa es tu casa. Amén.

ORACIONES PARA EL ADOLESCENTE

Preguntas sin respuesta

Pidan, y se les dará; busquen, y encontrarán; llamen, y se les abrirá.

Mateo 7:7 (NVI)

Señor omnisciente, que todo lo sabes, mis hijos tienen muchas preguntas que necesitan respuestas. Y no siempre las tengo. Más bien, rara vez las tengo, pues yo misma tengo preguntas sin responder. Preguntas sobre mí misma. Preguntas sobre cosas que han pasado en mi vida. Preguntas sobre tu voluntad. Por eso, vengo a ti, fuente de sabiduría y poseedor de todas las respuestas. Te busco diligentemente y, aunque no siempre reciba respuestas claras, dame paz. Y también, dame inteligencia para ofrecer respuestas a mis hijos pero, sobre todo, haz que ellos acudan a ti porque solo tú podrás saciar su sed insaciable de conocimiento. Amén.

Milagros

Pues nada es imposible para Dios.

Lucas 1:37 (NVI)

Señor de los milagros, acudo a ti con mis ruegos. Ciertamente para ti nada es difícil. Abres mares y cierras las bocas de los leones. Levantas a los muertos de la tumba y creas vida física y espiritual. Necesito un milagro. Necesito algo sobrenatural. Todas las soluciones que pienso sobre este problema que afecta a mis hijos y a mi familia lucen imposibles. Haría falta el cambio de corazón de alguien o un portento de la naturaleza sobre el que no tengo control. Sea el milagro de una reconciliación o arrepentimiento, de sanidad o de recuperar lo perdido, nada es imposible para ti. Así que pongo en tus manos mi situación y guardo silencio. Actúa, Dios de misericordia, y si es tu voluntad, haz un milagro. Amén.

ORACIONES PARA EL ADOLESCENTE

Hambre por la verdad

Pues la palabra de Dios es viva y poderosa. Es más cortante que cualquier espada de dos filos; penetra entre el ama y el espíritu, entre la articulación y la médula del hueso. Deja al descubierto nuestros pensamientos y deseos más íntimos.

Hebreos 4:12 (NTV)

Fiel y verdadero, temo por mis hijos. Muchas personas atractivas y filosofías modernas le hablarán falsedades. La sociedad le dirá que no es posible conocer la verdad absoluta. ¿Cómo tomará buenas decisiones? ¿Dónde encontrará la seguridad que necesita para vivir? Tú eres el camino, la verdad y la vida. Nos has dado tu palabra que es verdad. Tu palabra es poderosa y viva, no una colección de dichos e ideas humanas. Tu palabra dura para siempre. Ellos hoy tienen hambre por la verdad, por saber y conocer cosas nuevas. Ahora dales hambre por tu palabra porque solo ahí será su alma satisfecha. Amén.

Cargas

Luego dijo Jesús: «Vengan a mí todos los que están cansados y llevan cargas pesadas, y yo les daré descanso».

Mateo 11:28 (NTV)

Hoy que venía cargando una pesada mochila, recordé el tema de las cargas, Señor. Llevo una pesada carga todo el tiempo, sea de preocupaciones, ansiedad, pendientes o sueños rotos. Señor, dame descanso. Intercambio mi pesada maleta por la carga liviana que tú me das. Amarte significa obedecer tus mandamientos, y tus mandamientos no son una carga difícil de llevar. También sé que mis hijos luchan con sus propias cargas. No quiero ser como los líderes religiosos que jamás movían un dedo para aligerar la carga. No, Señor, quiero ayudar a llevar las cargas los unos de los otros. Quiero llevar en oración los problemas de mis hijos y depositarlos en tus manos, donde hallarán solución.

Invitaciones

Mi corazón te ha oído decir: «Ve y conversa conmigo». Y mi corazón responde: «Aquí vengo, Señor».
Salmos 27:8 (NTV)

Padre bueno, tú me invitas cada mañana a conversar contigo. Quieres tener una relación conmigo donde yo te conozca a ti y yo sea conocida. Del mismo modo, quiero invitar a mis hijos a una relación. Deseo conocerlos cada día más y que ellos me conozcan. Perdóname, Señor, porque todo el tiempo envío mensajes a mis hijos de muchas maneras, y muchos de ellos son más bien una advertencia para mantenerse alejados, un portazo donde excluyo toda comunicación. Tristemente, ellos tienen una imagen de mí donde siempre estoy pegada al teléfono y probablemente piensen que la única manera de llamar mi atención es enviándome un mensaje. Cambia mis prioridades y mis actitudes, para que pueda invitar a mis hijos como tú me invitas a mí.

Decisiones

Pero si te niegas a servir al Señor, elige hoy mismo a quién servirás. ¿Acaso optarás por los dioses que tus antepasados sirvieron del otro lado del Éufrates? ¿O preferirás a los dioses de los amorreos, en cuya tierra ahora vives? Pero en cuanto a mí y a mi familia, nosotros serviremos al Señor.

Josué 24:15 (NTV)

Padre de Abraham, Isaac y Jacob, de Samuel, David y Daniel, quiero enseñar a mis hijos a no subestimar la importancia de sus elecciones. Permite que les muestre, con ejemplos de tu palabra, que una decisión correcta es clave para una vida de paz y gozo, así como una mala elección puede llevarnos a la ruina. Necesitamos entender que cada vez que elegimos, algo cambia, quizá pequeño, tal vez imperceptible, pero cuyo alcance entendemos cuando vemos la vida en su totalidad. Permite que tanto mis hijos como yo comprendamos que cada decisión cambia algo dentro, y que cada vez que te elegimos a ti, construimos nuestro carácter para ser más como Jesús.

ORACIONES PARA EL ADOLESCENTE

Trabajo en equipo

Si uno cae, el otro puede darle la mano y ayudarle; pero el que cae y está solo, ese sí que está en problemas.

Eclesiastés 4:10 (NTV)

Amante pastor, ayúdame a no olvidar que soy un equipo con mi esposo. La responsabilidad por nuestros hijos es de los dos y no solo mía. ¿Qué me enseña la Biblia en cuanto a esto? Somos una unión espiritual, y cuidar de nuestros hijos tienen su papel de hacernos uno. Por eso, permite que te pongamos a ti en el centro. Sabes que muchas veces discutimos cuando hablamos de los hijos, del cómo y cuándo disciplinar, y de cómo y cuándo pasar cosas por alto. Por las grandes cosas y las pequeñas, te ruego danos unidad. Que ambos sepamos tomar tiempos de oración, solos y en conjunto, dispuestos a escuchar tu opinión en todo asunto, especialmente en lo que concierne la crianza de nuestros hijos, cediendo y reconociendo que no siempre tenemos la razón. Solo así podremos criar a nuestros hijos con entendimiento, pues ser padres es trabajo en equipo.

Eternidad

Concentren su atención en las cosas de arriba, no en las de la tierra.

Colosenses 3:2 (NVI)

Padre bueno, Jonathan Edwards oró: «Dios, sella la eternidad en mis ojos». Haz eso conmigo hoy. Cuando mis ojos se fijan en el horizonte de lo eterno, todo lo que hago adquiere sentido y proporción. Necesito ver la maternidad como algo que tú estás usando hoy para cumplir con tus propósitos. Lo que hago hoy, aunque parece pequeño o mundano, si lo hago para ti adquiere consecuencias eternas. El trabajo que haga hoy en el corazón de mis hijos, hablándoles de ti, leyéndoles tu palabra, guiándolos a ti, es importante porque está sembrando en ellos eternidad y vida. Por eso, padre bueno, sella hoy la eternidad en mis ojos. No cosecho para el cuerpo, sino para el espíritu. No preparo a mis hijos para el siguiente minuto, sino para la eternidad.

ORACIONES PARA EL ADOLESCENTE

Guerra

Una palabra final: sean fuertes en el Señor y en su gran poder.

Efesios 6:10 (NTV)

Jehová de los ejércitos, soy una mamá en guerra. Las estrategias del diablo están alrededor de mis hijos. Los gobernadores malignos y autoridades del mundo invisible, esas fuerzas poderosas del mundo tenebroso amenazan con vencernos. Pero yo quiero seguir firme. Ayúdame a defender mi posición y a levantar mi espada. Quiero mantenerme alerta. Deseo ser persistente en mis oraciones y no rendirme. A final de cuentas, la batalla te pertenece a ti. Así que, solo necesito ser fuerte en ti y en tu gran poder. Pelea por mí, Capitán del cielo. Danos la victoria en tu nombre. Amén.

Esperar

En cuanto a mí, busco la ayuda del Señor. Espero confiadamente que Dios me salve, y con seguridad mi Dios me oirá.

Miqueas 7:7 (NTV)

¡Cuánto me cuesta esperar, Dios fuerte! Sé que para ti nada es imposible, pero mientras espero que tus promesas se cumplan, pierdo la paciencia. Cuánto cuesta esperar en silencio. Quiero hacer algo; quiero tomar el control. Quizá espero la salvación de mis hijos, que el rebelde vuelva a casa, que la salud se restaure. Cualquiera sean las circunstancias, sé que tus tiempos son los correctos. Cuando tenga ganas de actuar por mí misma, hazme recordar a Sara. Sus intentos por tener un hijo por medio de Agar tuvieron desastrosas consecuencias. Así que, me rindo a ti, confío en tus tiempos. Descanso en el hecho de que sé que tú me oirás. Amén.

ORACIONES PARA EL ADOLESCENTE

Provocaciones

Y vosotros, padres, no provoquéis a ira a vuestros hijos, sino criadlos en disciplina y amonestación del Señor.

Efesios 6:4 (RVR60)

Oh, Señor, cuánto miedo tengo de caer en el error de provocar la ira en mis hijos. Sé que esto no significa que ellos jamás se van a molestar conmigo. Más bien me advierte no tener un estilo de paternidad adverso que deje a mis hijos exasperados y con un espíritu quebrantado. Mi Dios, ¡qué temor me da pensar que mis acciones puedan ser la causa de que ellos se aparten de ti! Me pongo a temblar al imaginar que puedo empujarlos al punto de la desesperación y el abatimiento. Por eso recurro a ti y te pido que me des el amor para estimularlos y animarlos, nutrirlos y disciplinarlos como seguidores de Jesús que somos. En tu nombre, amén.

Licencia de conducir

Jehová guardará tu salida y tu entrada. Desde ahora y para siempre.

Salmos 121:8 (RVR60)

Señor Dios, mi hijo tiene su licencia de conducir. Cuenta, por tanto, con una gran bendición y una tremenda responsabilidad. Como madre, me siento un poco temerosa, pero lo pongo en tus manos. No permitas que sea descuidado ni use el privilegio de conducir a la ligera. Ponte a su lado como su sombra protectora, y guárdalo de conductores peligrosos o de todo accidente. Líbralo de todo mal y cuida su vida. Y cuando tenga problemas, permite que levante la vista hacia las montañas y recuerde que su ayuda viene de ti, quien hizo el cielo y la tierra. Protege su entrada y su salida, ahora y para siempre. Amén.

ORACIONES PARA EL ADOLESCENTE

Ayuda al prójimo

Si te dedicas a ayudar a los hambrientos y a saciar la necesidad del desvalido, entonces brillará tu luz en las tinieblas, y como el mediodía será tu noche.
Isaías 58:10 (NVI)

Padre de misericordia, tú nos llamas a ser amigos de los más desfavorecidos. Te pido hoy por mis hijos que transitan la adolescencia y la juventud, épocas que se distinguen por introspección y ensimismamiento. Abre sus ojos para ver la belleza de cada persona. Que no participen del *bullying* ni sean espectadores pasivos. Dales valor para luchar por el bien. Pero también abre sus mentes para descubrir cómo ayudar a los demás. Provee de creatividad para acercarse a otros y ofrecer una mano, una palabra de aliento o un poco de interés. Abre sus corazones para compartir tu amor con los demás. Amén.

Inspiración de Amy Carmichael

Y estoy seguro de que Dios, quien comenzó la buena obra en ustedes, la continuará hasta que quede completamente terminada el día que Cristo Jesús vuelva.

Filipenses 1:6 (NTV)

Padre, hoy hago mías las palabras de Amy Carmichael: *Querido Dios, haz de mis hijos buenos soldados de Jesucristo. Que nunca retrocedan en el día de batalla. Permite que sean quienes ganen y ayuden a otras almas; no permitas que vivan para ser servidos, sino para servir a otros. Hazles leales; que la fidelidad la pongan en alta estima. Hazlos hacedores, más que solo quienes hablan. Permite que disfruten el trabajo duro y que elijan el trabajo difícil más que el fácil. Hazlos dignos de confianza; hazlos sabios, pues está escrito: "Dios no se complace de los insensatos". Dios es mi salvación. Pedimos que podamos capacitarlos para decir la palabra, y para vivir esa vida, y que se viertan a sí mismos a favor de los demás, sin obstáculos de su yo.*

ORACIONES PARA EL ADOLESCENTE

Graduación de bachillerato

Tomó luego Samuel una piedra y la puso entre Mizpa y Sen, y le puso por nombre Eben-ezer, diciendo: Hasta aquí nos ayudó Jehová.

1 Samuel 7:12 (RVR60)

Gracias, Señor, por lo que mi hijo aprendió en su etapa escolar durante su adolescencia. Gracias por los conocimientos académicos que adquirió. Permite, sobre todo, que más que datos y fechas, ame aprender. Gracias por los éxitos y los fracasos que tuvo que experimentar para salir adelante. Todo esto lo ha moldeado y le ayudó a madurar en su carácter. Gracias por sus amistades. Sé que muchas veces sus amigos fueron fuente de contención, y en otras, ejemplo de rebeldía. Deja que conserve a sus amigos de esta época de vida tan especial, pero que al alcanzar una nueva madurez, todos ellos te conozcan y se acerquen a ti. Dale fuerza para seguir, valor para elegir y sabiduría para amar. Amén.

ORACIONES
para el hijo joven

ORACIONES PARA EL HIJO JOVEN

Pureza

*Yo sé, mi Dios, que tú examinas nuestro corazón
y te alegras cuando encuentras en él integridad.*
2 Crónicas 29:17a (NTV)

Dios que todo lo ve, tú que examinas nuestros corazones, encuentra integridad en el corazón de mis hijos. En especial, te pido pureza sexual. Así como José huyó de la esposa de Potifar cuando esta le hizo una propuesta indecorosa, que ellos también decidan escapar de la situación antes que ofenderte. Imprime en ellos el deseo de esperar a la persona correcta, el tiempo correcto, el lugar correcto para que, bajo el manto protector del matrimonio, satisfagan esos deseos que tú has puesto en nosotros de intimidad y procreación. Líbralos de buscar satisfacción en los lugares equivocados, con las personas equivocadas, en los tiempos equivocados. Examínalos, oh Dios, y pon en ellos el querer guardarse.

Consejo de la madre de Lemuel 1

No desperdicies tu vigor con mujeres, esas que arruinan a los reyes.

Proverbios 31:3 (NTV)

Padre, dame el valor para ser como la madre de Lemuel, que fue tajante en cuanto a varios aspectos al criar a su hijo, un futuro rey. Ella le advirtió que no malgastara sus fuerzas con mujeres. Lo mismo quiero hacer hoy. Sé que no es un tema bien recibido por la juventud, pues contradice mucho de lo que ven en películas y oyen en canciones, pero debo decirlo. Quiero invitar a mis hijos a que beban el agua del amor únicamente con su cónyuge. Que no tengan sexo con cualquiera. Que su cónyuge sea una fuente de bendición y que se dejen cautivar por el amor puro que nace de una unión fundada en ti. Abre mis labios para aconsejar sabiamente. Si yo me equivoqué en esta área, permite que sea sincera y vulnerable. Permite que mis hijos se reserven para el matrimonio.

ORACIONES PARA EL HIJO JOVEN

Consejo de la madre de Lemuel 2

No es para los reyes, oh Lemuel, beber mucho vino. Los gobernantes no deberían ansiar bebidas alcohólicas.

Proverbios 31:4 (NTV)

Señor, dame la fortaleza de la madre de Lemuel, quien habló con franqueza a su hijo sobre los peligros de los vicios. Dame la oportunidad de hablar con amor y seriedad sobre los peligros del alcoholismo y la drogadicción, entre otras cosas. Permite que queden abiertas las puertas de comunicación entre mis hijos y yo para que tengan la confianza de preguntar, confesar y compartir sus dudas, temores, fracasos y éxitos en cuanto a esos temas. Ayúdanos a buscar ayuda cuando veamos las primeras señales de falta de control. Líbrame de juzgarlos sin primero perdonarlos y ponerlos en tus manos. Tanta gente ha perdido el camino por ser presa de vicios. Mi Dios, aparta a mis hijos de las malas compañías y las tentaciones de querer satisfacer sus almas con vicios pasajeros y dañinos.

Consejo de la madre de Lemuel 3

Habla a favor de los que no pueden hablar por sí mismos; garantiza justicia para todos los abatidos.
Proverbios 31:8 (NTV)

Señor de los pobres y los indefensos, permite que enseñe a mis hijos a ser valientes y defender a los que no pueden alzar la voz. Haz que mis hijos comprendan su posición de influencia en su escuela, el trabajo, la misma iglesia, y que, desde ese lugar de privilegio, busquen favorecer a los humildes. Ayúdame a ser ejemplo de esto, pero también dame las palabras para hablar con ellos de temas como la justicia social y el racismo. Como familia, provéenos de celo por la justicia y la rectitud. Pero que no solo levantemos la voz, sino que hagamos algo al respecto, ya sea abrir nuestro hogar y nuestros corazones de maneras prácticas al invisible y al maltratado. Amén.

ORACIONES PARA EL HIJO JOVEN

Preparándome para el nido vacío

No añores «viejos tiempos»; no es nada sabio.
Eclesiastés 7:10 (NTV)

Dios proveedor, inevitablemente sé que debo prepararme para el nido vacío. Ya falta poco para que mis hijos eleven el vuelo y sigan con sus proyectos de vida, ya sea por estudio, trabajo o casamiento. Empieza a preparar mi corazón desde temprano para esta transición. No permitas que siembre en ellos culpa por dejarme, ni que retenga su presencia solo por egoísmo. Algunas madres como Ana, la madre de Samuel, se desprendieron de sus hijos a temprana edad. Otras, hasta que ellos comenzaron sus ministerios a los treinta años. Así que te doy las gracias por los años que he tenido a mis hijos conmigo, pero ahora los entrego a tu cuidado. Inunda mi corazón de tu amor y tu sabiduría, y bríndame ánimo y proyectos para esta nueva etapa. Amén.

Orar sin cesar

Oren sin cesar.

1 Tesalonicenses 5:17 (NVI)

Padre nuestro que estás en los cielos, a veces me cuesta tanto trabajo orar. Pero sé que, entre más ore, momento a momento, necesidad tras necesidad, más pensaré en la oración y veré los resultados de esta práctica espiritual. Muchas veces cuando escucho la palabra «orar» me siento culpable. Reconozco que no oro lo suficiente, no dedico el tiempo necesario a tan importante labor. Mis oraciones también son deficientes, en ocasiones pequeños gritos de ayuda o lamentos. Pero tú me pides que no me rinda, que como aquella viuda que exigía justicia, no cese de llamar a la puerta y comunicarme contigo. Señor, quiero orar sin fatigarme, orar sin desmayar, orar sin cesar. Amén.

ORACIONES PARA EL HIJO JOVEN

Proyectos

Pon todo lo que hagas en manos del Señor, y tus planes tendrán éxito.

Proverbios 16:3 (NVI)

Dios eterno que desde antes de que yo naciera has trazado tus planes y los has llevado a cabo, te pido por mis proyectos y los que mis seres queridos tienen hoy. Tú sabes los sueños de mi marido y de mis hijos. Tú conoces los objetivos que todos buscamos alcanzar. Sin embargo, tristemente, por lo general nos entusiasmamos por una idea y la tratamos de ejecutar sin primero ponerla en tus manos. Por esa razón, traigo delante de ti, como una ofrenda, los planes y proyectos de mi familia. Los pongo en tus manos y me quedo así, con las manos vacías, palmas arriba y abiertas. Manos vacías, que me recuerden que tú colocarás en ellas el mejor proyecto; manos hacia arriba, consciente de que lo mejor viene de lo alto; manos abiertas, que sepan renunciar a algo que no está en tu voluntad. Amén.

Tentaciones

Ustedes no han sufrido ninguna tentación que no sea común al género humano. Pero Dios es fiel, y no permitirá que ustedes sean tentados más allá de lo que puedan aguantar. Más bien, cuando llegue la tentación, él les dará también una salida a fin de que puedan resistir.

1 Corintios 10:13 (NVI)

Infinito Señor, sé que el día de hoy, sin lugar a duda, mis seres queridos serán tentados. Líbralos del mal. Bendice a mis hijos y ayúdalos a superar estas pruebas. Sé que las tentaciones no vienen de ti, sino de sus propios deseos que los seducen y arrastran a lo malo. Por eso, permite que llenen sus pensamientos de todo lo bueno, lo agradable y perfecto para que no se dejen engañar. Me aferro, principalmente, a la promesa que tú has dado y confío que la tentación no será mayor de lo que puedan soportar. Me alegra saber que tú les mostrarás una salida, para que puedan resistir. Permite, mi padre, que su terco corazón se ablande y la elija. En el nombre de Jesús lo pido.

ORACIONES PARA EL HIJO JOVEN

Por el cónyuge de mis hijos

Él me respondió: "El Señor, en cuya presencia he caminado, enviará su ángel contigo, y él hará prosperar tu viaje para que consigas para mi hijo una esposa que pertenezca a la familia de mi padre".
Génesis 24:40 (NVI)

Amado Señor, un día espero que mis hijos se enamoren. Así que hoy pido por esa persona especial que llenará su corazón. Podría hacer una lista de todas las características que pudiera tener. En caso de mi nuera, podría pensar en las características de una mujer virtuosa. En el de mi yerno, pudiera enumerar las cualidades de un siervo tuyo. Sin embargo, me refugio en el ejemplo de Abraham cuando buscó esposa para Isaac. Confió en que tu ángel guiaría a su siervo a la persona correcta y no buscó entre las que seguían dioses ajenos sino entre su familia. Del mismo modo, conduce a mis hijos a hallar su pareja en tu familia, entre aquellos que te aman y te sirven. Dirige sus pasos y su corazón a la persona que será la mejor para ellos. Amén.

Pensando en la Trinidad

¡Que el Señor Jesucristo los bendiga! ¡Que Dios les muestre su amor! ¡Que el Espíritu los acompañe siempre!

2 Corintios 13:14 (TLA)

Señor, eres un Dios trino, y como tal, creo en ti. Creo en el Padre, creador del universo. Creo en el amor de Jesús que se dio por nosotros. Creo en que tu espíritu viene a enseñarnos cómo ser como Jesús. Creo que eres tres en uno pues así muestras cómo relacionarnos y amarnos unos a otros. Señor, guarda a mis hijos y ayúdales a recordar tu naturaleza relacional. Permite que, aunque no entiendan, crean lo que en tu palabra explicas sobre tu persona: un Dios trino y perfecto. Que honren al padre. Que amen al hijo. Que obedezcan al Espíritu Santo. Amén.

ORACIONES PARA EL HIJO JOVEN

Graduación de universidad

Hagan lo que hagan, trabajen de buena gana, como para el Señor y no como para nadie en este mundo.
Colosenses 3:23 (NTV)

Hoy mi hijo termina su educación universitaria. ¡Apenas lo puedo creer! Solo tú, Señor, sabes las luchas que atravesó para lograrlo y el esfuerzo económico que implicó. Ahora veo en sus ojos brillar la esperanza del futuro. Te pido que ponga sus conocimientos y habilidades para tu servicio. Usa sus dones y talentos para el bien de los demás, en el lugar donde lo ubiques para trabajar. Inspíralo para ser como Jesús en el trabajo donde esté. Cuando enfrente retos y problemas, recuérdale que tú estás ahí y puedes ayudarlo. Al comenzar su aventura profesional, que no olvide darte la gloria a ti. Amén.

ORACIONES
para un hijo adulto

ORACIONES PARA UN HIJO ADULTO

Soledad

¿Acaso hay algo que pueda separarnos del amor de Cristo? ¿Será que él ya no nos ama si tenemos problemas o aflicciones, si somos perseguidos o pasamos hambre o estamos en la miseria o en peligro o bajo amenaza de muerte?

Romanos 8:35 (NTV)

Jesús, mi amigo, estoy sola. Los hijos se han ido. Ya no hay ruido en mi casa ni constante actividad. La casa se percibe quieta. Sin embargo, tú, señor, sabes lo que significa estar solo, sin amigos y sin familia. Experimentaste el dejar a tu Padre celestial, luego todos te abandonaron en el momento más crítico. Hoy me siento sola también. Estoy lejos de los que amo, pero quiero recordar tu promesa. Tú estás siempre conmigo. Nada me puede separar de ti. El que hoy esté sola, o con problemas y angustias, no significa que no me amas. Tu amor está por encima de mis circunstancias. Así que, abrázame, Jesús. Hazme sentir de algún modo tu presencia y quita de mí este dolor por la soledad. Ven, Señor Jesús. Amén.

Valentía

Porque yo Jehová soy tu Dios, quien te sostiene de tu mano derecha, y te dice: No temas, yo te ayudo.
Isaías 41:13 (RVR60)

Cristo, nuestro señor, tú fuiste tentado como mis hijos lo son hoy. Muéstrales lo que tienen que hacer en cada situación y en cada momento. Dales valor para defender los valores del reino. Dales valor para decir «no», aunque en el fondo quieran decir «sí». Recuérdales que solo decimos «no» porque ya te hemos dicho a ti «sí». Guarda su cuerpo. Purifica su mente. Fortalece su espíritu. Que el mismo valor que se reflejó en cuatro jóvenes judíos frente a la comida del rey Nabucodonosor, en Sadrac, Mesac y Abednego frente al horno de fuego, en el mismo Daniel frente al foso de los leones, aparezca en el corazón de cada uno de mis hijos. Que la promesa de tu presencia con ellos siempre les infunda valor. Amén.

ORACIONES PARA UN HIJO ADULTO

Estorbar

Y le mostraré que yo juzgaré su casa para siempre, por la iniquidad que él sabe; porque sus hijos han blasfemado a Dios, y él no los ha estorbado.
1 Samuel 3:13 (RVR60)

Señor, a veces cuando leo la Biblia juzgo a los personajes de maneras vergonzosas. Hoy comprendo mejor a Elí. Sus hijos ya eran adultos y estaban pecando contra ti. ¿Qué podía hacer Elí como padre? Tú le diste la respuesta: estorbarlos. Padre, quizá hoy mis hijos te ofenden con su estilo de vida y sus decisiones. Tal vez en el futuro habrá cosas que hagan o digan que no te honren. Señor, enséñame cómo estorbarlos. A veces me inhibo de actuar por miedo a perder su amor o por miedo a quedarme sola. En este mundo moderno todos andamos de puntitas para no ofender a los demás. Pero cuando sea necesario, dame el valor para reprenderlos y corregirlos, pues lo haré por amor a ellos y a ti. Las consecuencias y sus reacciones las dejo en tus manos. Pero a mí, ayúdame a hacer mi parte. Amén.

Conversaciones

Que sus conversaciones sean cordiales y agradables, a fin de que ustedes tengan la respuesta adecuada para cada persona.

Colosenses 4:6 (NTV)

Dios creador, tú formaste los labios y los pensamientos y nos diste el arte de conversar. De hecho, podría decir que el Libro de los Salmos está repleto de conversaciones entre los salmistas y tú. Comprendo mi necesidad de hablar y ser escuchada; de expresar mis sentimientos más profundos para recibir comprensión o validación. Tu palabra me muestra el poder de la oración y cómo de ese modo nos invitas a conversar. De la misma manera, sé que mis hijos necesitan conversaciones en sus vidas, desde pequeños, mucho más de adultos. Tristemente, entre las prisas y el egoísmo humano hay pocas oportunidades de platicar. Sin embargo, yo, como su madre, puedo regalarles mi tiempo y mis oídos atentos. Ayúdanos a encontrar los tiempos y los lugares para conversar, largo y tendido, con una taza de café o té, motivados por amor.

ORACIONES PARA UN HIJO ADULTO

Cuando los hijos viajan

Yo estoy contigo. Te protegeré por dondequiera que vayas, y te traeré de vuelta a esta tierra. No te abandonaré hasta cumplir con todo lo que te he prometido.

Génesis 28:15 (NVI)

Señor de los pactos, mis hijos realizan un viaje y experimento cierto temor. No me ha sido fácil desprenderme de ellos, pues recuerdo cuando eran pequeños y todos salíamos juntos, podía velar su sueño y atender sus necesidades. Pero ellos ya son mayores, deben ir solos y lejos. Protégelos, mi Padre, de todo peligro y accidente. Guarda su salida y tráeles de vuelta al hogar. No los abandones, sino que cumple en ellos tus propósitos en esta aventura que ahora emprenden. Dios, cuya gloria llena el mundo entero, tú que estás conmigo y con ellos dondequiera que vayamos, cúbrelos con tu amor y tu cuidado. Amén.

Cristo conmigo

... porque Dios ha dicho: «Nunca te dejaré; jamás te abandonaré».

Hebreos 13:5 (NVI)

Señor Jesús, a veces olvidamos lo importante. En ocasiones nos sentimos solos como adultos, y mis hijos, ya crecidos, no son la excepción, especialmente desde que se marcharon de casa. Pero como dijo san Patricio de Irlanda, que ellos también puedan decir: *tú conmigo, tú delante de mí, tú detrás de mí, tú dentro de mí. Tú a mi derecha, tú a mi izquierda. Tú cuando me acuesto, tú cuando me levanto, tú en la altura, tú en el corazón de los que te aman. Si tú estás conmigo, ¿qué puedo temer?* Si tú vas delante de mí, no temeré el camino. Si tú vives dentro de mí, puedo estar completa. El camino como adultos no es sencillo, pero si tú estás con nosotros, vale la pena.

ORACIONES PARA UN HIJO ADULTO

Dejar el cántaro

La mujer dejó su cántaro junto al pozo y volvió corriendo a la aldea...

Juan 4:28a (NTV)

Señor del agua viva, dejo mi cántaro hoy junto al pozo porque tú eres suficiente. He vagado por la vida tratando de llenarla con cosas que no satisfacen. He buscado en cisternas rotas y arroyos contaminados. Pero hoy vengo a ti con sed, confiada que si bebo de ti no tendré sed jamás. Confío que tu agua se convertirá en un manantial que brota con frescura dentro de mí y me dará vida eterna. Hoy vengo a ti para beber de esta agua y te pido que mis hijos la encuentren también. Tú eres el enviado de Dios. Dame fuerzas para compartir esta noticia con mis hijos. Amén.

Por sabiduría para hablar

Mis amados hermanos, quiero que entiendan lo siguiente: todos ustedes deben ser rápidos para escuchar, lentos para hablar y lentos para enojarse.
Santiago 1:19 (NTV)

Dios, dame sabiduría en mi trato con mis hijos adultos. Antes de hablar, recuérdame que tengo dos oídos para escuchar. Ayúdame a ser paciente y no querer hablar de lo mío, sino primero escuchar lo suyo. Deseo ser rápida para escuchar; alguien en quien ellos puedan confiar. Después, dame palabras sabias. A veces quiero solucionar sus problemas, pero primero quiero saber lo que tú opinas sobre el tema. Sin enojarme, sin querer dar sermones, que mis palabras los tranquilicen, los animen y los dirijan a ti, el único que verdaderamente puede comprender lo que ellos sienten y necesitan. Tengo dos oídos y una boca; que use ambos con inteligencia. Amén.

ORACIONES PARA UN HIJO ADULTO

Por un hijo desilusionado

Porque yo sé los planes que tengo para ustedes —afirma el Señor—, planes de bienestar y no de calamidad, a fin de darles un futuro y una esperanza.

Jeremías 29:11 (NVI)

Dios de toda consolación, tú que estás con nosotros en los tiempos buenos y en los malos, te pido por mi hijo. Su vida no va como la planificó; la desilusión ha tocado a su puerta. Se ha sentido traicionado por otros. Se ha decepcionado de sí mismo. Las puertas se han cerrado. Envía a ti espíritu para consolarlo y envuélvelo con tu amor. Ayúdale a recordar que tus planes son mejores que los suyos. Que tus planes incluyen esperanza y bienestar. Permite que deje de luchar y de querer cambiar las cosas, descansando en tus propósitos y metas para él. Santo Consolador, anima hoy a mi hijo. Amén.

Críticas

Algunas personas hacen comentarios hirientes, pero las palabras del sabio traen alivio.
Proverbios 12:18 (NTV)

Señor Dios mío, entre más envejecemos parece que nuestra lengua se vuelve más filosa y soy más propensa a criticar. Encontramos errores en todas partes; vemos debilidades en todas las personas. Y, tristemente, de nuestros labios salen críticas destructivas que cubrimos con la palabra «constructiva». Pero la realidad es que surgen de un corazón malo y perverso. Por eso, hoy te pido que transformes mis labios y los de mis hijos adultos. Haz que de ellos brote admiración; ayúdanos a ver algo bueno en todos y en todo. Danos afirmación, donde nuestras palabras bendigan y animen al otro. Produce en nosotros apreciación y gratitud por lo que otros son y hacen. Sobre todo, provee anticipación, que podamos bendecir a otros porque sé que tú harás grandes cosas con ellos en el futuro. Amén.

ORACIONES PARA UN HIJO ADULTO

Fidelidad de Dios

Por mi parte, yo estoy a punto de ir por el camino que todo mortal transita. Ustedes bien saben que ninguna de las buenas promesas del Señor su Dios ha dejado de cumplirse al pie de la letra. Todas se han hecho realidad, pues él no ha faltado a ninguna de ellas.

Josué 23:14 (NVI)

Fiel y verdadero, has visto las cosas difíciles que he pasado. Has estado conmigo en lo bueno y en lo malo, en el gozo y el dolor. Hoy vengo delante de ti y me acuerdo de todas estas situaciones en que has sido fiel a tus promesas. Por lo tanto, y confiando en ello, vengo a ti hoy para pedir por mis hijos adultos. Que ellos también recuerden que tú los formaste en mi vientre. Que has estado con ellos en cada momento de sus vidas. Que no nos has abandonado en ninguna circunstancia. Que pongan su confianza en ti, Señor bueno. Que se aferren a tus promesas pues ninguna ha faltado. Que se rindan ante ti y tu fidelidad nuevamente se manifieste.

ORACIONES
de la abuela

para su nieto

ORACIONES DE LA ABUELA PARA SU NIETO

Alabanza por un nieto

Te alabaré; porque formidables, maravillosas son tus obras; estoy maravillado, y mi alma lo sabe muy bien.

Salmos 139:14 (RVR60)

¡Me siento asombrada, creador del cielo y de los bebés! Espero a mi primer nieto y me siento conmovida, maravillada y expectante. Recuerdo cuando formaste en mis entrañas a mis hijos, y ahora, estos hijos conciben otros hijos. ¡Qué modo tan hermoso de perpetuar mi descendencia! Sé que quizá mañana vengan temores y preocupaciones, pero hoy solo quiero alabarte. Mi alma prorrumpe en gozo y en cantos de alegría. Señor, ¡mi primer nieto! ¡Qué gran noticia! ¡Qué gran regalo! ¡Qué grandes son tus obras! No me queda más que regocijarme con mis hijos y agradecer tus bondades a mi familia. Gracias por fijarte en nosotros que, si bien somos la familia más insignificante de la Tierra, contamos con tu bendición.

Corona de nietos

Corona de los ancianos son los hijos de los hijos, y la gloria de los hijos son sus padres.
>   Proverbios 17:6 (LBLA)

Los hijos son un regalo tuyo, padre, y los nietos, bisnietos y sobrinos, también. Cada niño que, por una u otra razón, sea adopción o nacimiento, llega a nuestra familia, conforma una joya más en mi corona. Señor, ayúdame a portar esa corona con honor y cuidado. Las coronas se limpian y se pulen, se guardan en los lugares más seguros. Las coronas no se maltratan ni se desprecian. Tampoco se dejan a la intemperie. Dame la inteligencia para hacer brillar cada joya de mi corona, recordando que cada niño es único y especial para ti. Permite que le dedique a cada uno tiempo y oración. Dame el espacio para conocer a cada uno de manera especial. A final de cuentas, mi corona es tu corona, y quiero entregártela brillante y hermosa. Amén.

ORACIONES DE LA ABUELA PARA SU NIETO

Paz interior

Cuando Jesús se despertó, reprendió al viento y dijo a las olas: «¡Silencio! ¡Cálmense!». De repente, el viento se detuvo y hubo una gran calma.

Marcos 4.39 (NTV)

Dios, quien calma las tormentas y serena las olas, tranquiliza los ruidos que retumban dentro de mis hijos y mis nietos. Nuevamente se levanta una tempestad en su interior. Vienen los miedos y las malas noticias que como olas escalofriantes se elevan amenazantes contra nuestra pequeña barca. Pero sé que tú estás con nosotros; no como un pasajero más sino como el capitán de nuestro corazón. Así que, como despertaste aquella vez que viajabas con tus discípulos y reprendiste el viento, haz que hoy también el huracán se detenga y podamos experimentar una gran bonanza. Señor de los vientos, la lluvia y los truenos, danos paz en medio de la tormenta. Amén.

Por nuestro país

Por los reyes y por todos los que están en eminencia, para que vivamos quieta y reposadamente en toda piedad y honestidad.

1 Timoteo 2:2 (RVR60)

Dios soberano, gobernador infinito, pido por mi país y por sus líderes. Ruego por las autoridades para que podamos tener una vida pacífica y tranquila. Mi deseo es que mis nietos crezcan en un país caracterizado por la devoción a ti y la dignidad. Sé, sin embargo, que hay pecado y corrupción en muchos lados, pero también estoy segura de que te agrada que pidamos por los que nos dirigen pues quieres que todos se salven y lleguen a conocer la verdad. Así que, nuevamente, padre, te pido por mi país, para que sea un lugar donde mis nietos crezcan, se desarrollen y te sirvan, que aprecien la vida sencilla y la contemplación de tu amor y tu creación. Amén.

ORACIONES DE LA ABUELA PARA SU NIETO

Por mis hijas que son madres

Dios le ha dicho a su pueblo: «Aquí hay un lugar de descanso; que reposen aquí los fatigados. Este es un lugar tranquilo para descansar»; pero ellos no quisieron escuchar.

Isaías 28:12 (NTV)

Padre bondadoso, hoy mis hijas son madres. Las veo hacer malabarismos con sus muchas responsabilidades: hijos, un esposo y trabajo en el hogar y fuera del hogar. Supongo que un día yo estuve igual. Lo que más me preocupa es que las veo cansadas. Cometí muchos errores en mi maternidad, pero ahora me has hecho más sabia y sé que muchas cosas que consideramos importantes no lo son. Dales sabiduría para saber parar y encontrar la calma que tienes para el fatigado. Permite que busquen tu reposo. Y, sobre todo, pido que no sean necias como fue tu pueblo, como fui yo, como hemos sido tantos. Mi buen Dios, otorga a mis hijas la valentía para aceptar tu ofrecimiento y la sabiduría para guiar a mis nietos. Amén.

Encrucijadas

Fíate de Jehová de todo tu corazón, y no te apoyes en tu propia prudencia. Reconócelo en todos tus caminos, y él enderezará tus veredas.

Proverbios 3:5-6 (RVR60)

Dios de toda sabiduría, hoy quiero pedirte por mis hijos, mis nietos, mis seres queridos que están en una encrucijada. Tal vez estén delante de dos caminos que se abren y no saben cuál tomar. Quizá enfrenten dos buenas opciones, y eso lo haga más complicado. Que tu espíritu los guíe y muestre la mejor decisión con claridad. Por ellos, te pido que confíen en ti de todo corazón. Que no dependan de su propio entendimiento, sino que reconozcan que tú sabes mejor. Te ruego que busquen tu voluntad en todo lo que hagan porque entonces tú les mostrarás cuál camino tomar. Amén.

ORACIONES DE LA ABUELA PARA SU NIETO

Ídolos

Queridos hijos, aléjense de todo lo que pueda ocupar el lugar de Dios en el corazón.

1 Juan 5:21 (NTV)

Único Dios verdadero, aunque sabemos que tú solo eres real, seguimos adorando ídolos, quizá no hechos de piedra y de metal, sino cosas que nos apartan de ti. Señala en mi corazón qué cosas estoy poniendo como prioridad en mi vida y que te quitan del lugar que mereces. También pido por mis seres queridos, especialmente mis nietos. Dales libertad de la idolatría para que puedan disfrutar ser parte de tu familia. Haz que reconozcan que tú eres el único Dios y creador, y que nada en esta tierra está por encima de ti. Danos la valentía y el coraje para derribar esos altares que hemos construido. Amén.

Por familiares alejados

Prueben y vean que el Señor es bueno; ¡qué alegría para los que se refugian en él!

Salmos 34:8 (NTV)

Padre de misericordias, mi corazón me duele porque veo a mis seres queridos lejos de ti. Han sido seducidos por este mundo y sus deleites, creyendo mentiras y pensando que pueden lograr las cosas sin ti. Yo sé que no es así, pero mientras ellos no quieran probar, no se darán cuenta de cuánto te necesitan. Dales sed y hambre de ti. Que comprueben por sí mismos que tú eres bueno. No deseo nada más para ellos que encuentren la alegría y el gozo que hay para los que se refugian en ti. Atráelos con cuerdas y lazos de amor. Amén.

Historias

Cuéntenlo a sus hijos en los años venideros, y que sus hijos lo relaten a sus hijos. Transmitan esta historia de generación en generación.

Joel 1:3 (NTV)

¡Cuántas historias de vida tengo en mi corazón! Quizá cuando mis hijos fueron pequeños les conté algunas pocas. Pero hoy tengo otra oportunidad con mis nietos. Ahora que no tengo las presiones del pasado como madre, puedo sentarme y regalarles lo que más tengo: tiempo. Ayúdame, Señor, a atesorar las pocas o muchas oportunidades para contarles a mis nietos tu historia, mi historia y la historia de nuestra familia. Como dice el himno, es grato contar la historia de tu amor. Pido que me agrade «referirla, pues sé que es la verdad y nada satisface cual ella mi ansiedad». Sí, mi Dios, que cuente la historia más bella, la de tu salvación y la de mi familia que ha recibido tu gracia inmerecida. Amén.

Calendario

El Señor te mire con agrado y te extienda su amor.
Números 6:25 (NVI)

Creador del universo, cada año en mi calendario marco con especial cuidado los cumpleaños de mis seres queridos: esposo, hijos, nietos, otros familiares. Cuando cada día especial se acerque, quiero elevar esta oración: «Tus muchas bendiciones rodeen a mi ser amado. Protégelo de todo peligro. Sonríe sobre él, Señor, y sé compasivo. Tus muchas misericordias, nuevas cada mañana, lo acompañen en su caminar. Muéstrale tu favor y dale tu paz». Sí, Señor, sé con mi ser amado en este día del año, pero sobre todo, pon en su corazón el amarte, el seguirte y el querer conocerte. No hay mejor regalo que tu compañía. No hay mejor obsequio que el hacer tu voluntad. Amén.

ORACIONES DE LA ABUELA PARA SU NIETO

Contar nuestros días

Enséñanos de tal modo a contar nuestros días, que traigamos al corazón sabiduría.

Salmos 90:12 (RVR60)

Padre celestial, solo tú sabes cuántos días me restan en esta tierra. Por esa razón, te pido que me ayudes a vivir cada día como si fuera el último. Ayúdame a no dejar situaciones de enojo o de pleitos inconclusos, sino resolverlos antes de dormir. No dejes que me vaya a la cama sin haber dado un beso y un abrazo. Lejos esté de mí pasar el día sin orar y pedir por mis hijos, mis nietos, mi marido. Ayúdame a ver las interrupciones a mis planes como parte del día que has planificado para mí. Permite que aproveche cada oportunidad para sonreír y decir cosas que edifiquen a los demás y no que los destruyan. Si este fuera mi último día en la tierra, quisiera que se caracterizara por tu amor y tu bondad. Que así sea, Señor.

Esperanza

Le pido a Dios, fuente de esperanza, que los llene completamente de alegría y paz, porque confían en él. Entonces rebosarán de una esperanza segura mediante el poder del Espíritu Santo.

Romanos 15:13 (NTV)

Dios de la esperanza, el día de hoy mi familia y yo enfrentamos una situación que parece carente de toda solución. Nos sentimos cansados y agotados de tanto llorar, suplicar y buscar ayuda. Miramos hacia muchos lados, sin encontrar a quién recurrir. Así que hoy te pido que podamos rebosar de esperanza. La esperanza de que tú estás en control y nada pasa desapercibido por tu ojo. Ante la injusticia, te pedimos justicia. Ante la carencia, te pedimos por provisión. Ante la sentencia de muerte, te pedimos confianza en la vida presente y la venidera. Ante la soledad, te pedimos por compañía. Ante la devastación, te pedimos por restitución. Fuente de esperanza, llénanos de ti. Amén.

ORACIONES
cuando se pierde un hijo

Entrega

Entonces Pedro comenzó a decirle: He aquí, nosotros lo hemos dejado todo, y te hemos seguido.
Marcos 10:28 (RVR60)

Señor, tú me lo has dado todo. Yo te lo entrego de vuelta. Todo es tuyo. Haz con ello —mi vida, mis posesiones, mis hijos— según tu voluntad. Recuerdo cómo Abraham estuvo dispuesto a sacrificar a Isaac. Veo cómo Ana te entregó a su bebé, a Samuel, cuando tú se lo diste. Un niño compartió su almuerzo de cinco panes y dos peces. Una viuda pobre ofrendó, no un porcentaje, sino todo lo que tenía. María derramó su perfume más costoso. Muchas mujeres sostuvieron tu ministerio cuando estabas en la Tierra. El buen samaritano pagó el hospedaje de un desconocido. Zaqueo dio la mitad de sus bienes a los pobres. Tú me lo has dado todo. Yo lo entrego de regreso a ti. No soy propietaria de mis bienes ni de mis hijos. Soy solo una administradora, y como tal, quiero entregarte bien las cuentas.

Él está conmigo

Gabriel se le apareció y dijo: «¡Saludos, mujer favorecida! ¡El Señor está contigo!».

Lucas 2:28 (NTV)

Dios omnipresente, hoy necesito saber que estás conmigo. A María, desde el principio, le recordaste que estabas con ella. Sé tú conmigo también. Así como estuviste con María en la concepción, las pruebas de su embarazo y el alumbramiento, sé conmigo. Así como estuviste con ella cuando temió haber perdido a su hijo de doce años o como cuando lo vio comenzar un ministerio con oposición, sé conmigo. Así como estuviste con ella esos tres años de cansancio y milagros, sé conmigo. Así como estuviste con ella mientras morías en la cruz, sé conmigo. Pero tú estuviste ahí, con ella, no solo en el calvario, sino también en la tumba vacía. Ella no te perdió, sino que te ganó para ya no perderte jamás. Dios omnipresente, repite a mi corazón una y otra vez que estás conmigo. Amén.

ORACIONES CUANDO SE PIERDE UN HIJO

Duelo

Tu sol no volverá a ponerse, ni menguará tu luna; será el Señor tu luz eterna, y llegarán a su fin tus días de duelo.

Isaías 60:20 (NVI)

Señor de luz eterna, que controlas el sol y la luna, ayúdame a ver la luz al final de este oscuro túnel. A veces ni siquiera recuerdo cómo lucía antes la claridad o los días de alegría. Jamás pensé que llegaría a experimentar la muerte de un hijo, pero aquí estoy, experimentado la pérdida y sintiéndome desamparada. Pero tú eres luz y no habitan las tinieblas en tu presencia. Has prometido que un día terminarán mis días de luto. Mientras lleguen, dame tu fortaleza. Permíteme ver, aunque sea entre las grietas, un pequeño resplandor de tu luz admirable. Amén.

ORACIONES
finales

ORACIONES FINALES

Empatía

Un necio no se complace en comprender, sino sólo en expresar su opinión.

Proverbios 18:2 (NVI)

Todos tenemos prisa, Señor, pero mis hijos adultos aún más. A veces muestran impaciencia en sus visitas o sus llamadas telefónicas. En otras, quieren conversar durante horas y me cuentan todo lo que hay en su corazón. A veces me siento sola y quisiera que ellos siempre abrieran su corazón, pero sé que debo mostrar empatía. Debo estar dispuesta a escuchar, a mirarlos a los ojos y esperar el momento. Me parece que la empatía es el secreto para amar a mis hijos mayores. Quiero escuchar lo suficiente para comprender. Quiero detener mis pensamientos y sentimientos para poder entrar a su mundo primero. Aún me falta mucho por aprender, pero quiero hacerlo. Dame, Señor, más empatía.

Mamá trabajadora

Busquen el reino de Dios por encima de todo lo demás y lleven una vida justa, y él les dará todo lo que necesiten.

Mateo 6:33 (NTV)

Señor del tiempo, ¿cómo opero en dos mundos al mismo tiempo? Siento que, si tengo éxito en el trabajo, fracaso en el hogar; si acierto en el hogar, fallo en mi empleo. Mi familia no me entiende; mis compañeros de trabajo tampoco. Te agradezco por la hermosa familia que me has dado, pero también por una vida profesional en la que busco honrarte y con la que coopero para la manutención de mi familia. Señor, dame tu perspectiva. A veces es fácil enfocarme en exigencias, demandas y quejas, y no en las bendiciones y oportunidades. Así que te pido que me des tu perspectiva, que sepa balancear estos dos mundos y ser realista en mis expectativas. Dame claridad a lo que debo renunciar y en lo que me debo concentrar. Amén.

ORACIONES FINALES

Soñando con unos días de paz

> *Y la paz de Dios, que sobrepasa todo entendimiento, guardará vuestros corazones y vuestros pensamientos en Cristo Jesús.*
>
> Filipenses 4:7 (RVR60)

Dios omnisciente, tú que conoces los pensamientos más profundos, sabes que a veces sueño con huir de aquí, escapar unos días a una isla desierta y descansar. No tener que hacer nada, solo dormir y encontrar paz. Pero aun si esto sucediera, sé que habría cosas por las cuales angustiarme. En todo esto, ayúdame a ser ejemplo a mis hijos. Deseo traer todas esas angustias y preocupaciones en cuanto a su bienestar y futuro delante de tu presencia. Sé que haciendo esto, me rodearás con tu paz, y podré descansar mentalmente. ¡Qué cosas más maravillosas pasan cuando tú reemplazas la ansiedad pues estás al centro de mi vida!

¿Falta mucho para llegar?

El que da testimonio de estas cosas dice: Ciertamente vengo en breve. Amén; sí, ven, Señor Jesús.
Apocalipsis 22:20 (RVR60)

Cristo del camino que guardas mi salida y mi entrada, hemos salido de vacaciones en auto y ha resultado agotador. Las horas van lentas y hay que detenerse al baño o a descansar. Pero, sobre todo, me he cansado de responder a la pregunta: «¿Cuánto falta?». Dos minutos parecen veinte. Mis respuestas inquietan más que tranquilizar. Sin embargo, veo en los rostros de mis pequeños las ganas de llegar a su destino y me pregunto si tengo la misma emoción por estar contigo. ¿Amo tu venida? En momentos difíciles añoro llegar. Cuando todo va bien, pospongo el recorrido. Ayúdame a vivir con equilibrio: anhelo por tu venida y el deseo de también disfrutar el camino. ¿Falta mucho para llegar, Señor? Espero que no. Amén.

ORACIONES FINALES

Por mi matrimonio

Mejores son dos que uno.

Eclesiastés 4:9a (NTV)

Esposo celestial, parece que he perdido a mi esposo terrenal entre todas las demandas de los hijos. A veces parece que hemos puesto mi matrimonio en pausa, pero eso no debe ser así. Un día los niños se irán y yo me quedaré con mi esposo, a quien amo, pero ¿dónde encuentro el tiempo para estar juntos? Él está ocupado; yo muerta de cansancio. A veces por las noches nuestra conversación es en monosílabos. Sin embargo, no me daré por vencida. Debo luchar por mi matrimonio. Ayúdanos a encontrar el tiempo para conversar, para pasar tiempo solos, para profundizar en nuestra intimidad. Perdóname si me refugio en mis hijos cuando algo sale mal y no estoy de acuerdo con él. Es difícil no poner a los hijos y sus necesidades por delante, es nuestra responsabilidad cuidarlos, pero haciendo esto hemos puesto nuestra relación a un lado. Danos fuerzas para unirnos más. Amén.

Por mis amigas sin hijos

Ana, con una profunda angustia, lloraba amargamente mientras oraba al Señor.

1 Samuel 1:10 (NTV)

Señor de los ejércitos celestiales, ayúdame a recordar que tengo amigas y conocidas que no han podido concebir. Han tratado, han orado, han suplicado. Y aun así no tienen hijos. Quizá como Ana, la mamá de Samuel, han derramado su alma delante de ti y siguen escuchando silencio. Dame sabiduría al hablar. No permitas que lastime sus corazones ni que diga algo que las hiera aún más. Desconozco las respuestas. Solo sé que quiero ser sensible, para ellas y para ti. Permite que pueda sufrir con ellas y amarlas, y envuélvelas en tu abrazo en los días difíciles. Amén.

ORACIONES FINALES

Hospitalidad

Abran las puertas de su hogar con alegría al que necesite un plato de comida o un lugar donde dormir.

1 Pedro 4:9 (NTV)

No hubo lugar para ti en el mesón, Señor Jesús. Pero Marta, María y Lázaro siempre tuvieron una habitación para ti en su casa. Confieso que me cuesta trabajo ser hospitalaria. Pienso en todo el trabajo extra que conlleva. Además, a veces quisiera que nadie supiera lo que pasa dentro de mi hogar, pues en ocasiones es algo caótico. Quiero que mi hogar sea un refugio para mi esposo y para mis hijos, pero debo compartir esa bendición con los demás. Ayúdame a estar dispuesta a abrir mis puertas a los demás, a no convertir las paredes en muros infranqueables, sino a tener margen e invitar a otros como si fuera a ti a quien estoy abriendo las puertas. Amén.

¿Quieta?

Quédate quieto en la presencia del Señor, y espera con paciencia a que él actúe.

Salmos 37:7a (NTV)

Príncipe de paz, ¿cómo puedo estar quieta con niños pequeños? Desde que nacieron parece que no paro. ¡Si tan solo pudiera estar quieta! Añoro los días en que podía tomar una taza de café sin interrupciones. Cuando podía mirar por la ventana y soñar, o tomar una siesta. Pero necesito estar quieta para escucharte. Tranquilízame con tu amor. Líbrame de las distracciones. Ayúdame a encontrar un espacio, un lugar, unos segundos de silencio. Cultiva en mí la capacidad de apartarme en mi mente y en mi corazón, cuando espero en el médico o en la clase de dibujo, cuando estoy en el banco lista, para escuchar tu voz. Que mi vida sea una constante oración en tu presencia a pesar de la actividad y el bullicio a mi alrededor. Aquieta mi alma, Señor.

ORACIONES FINALES

¿Me perdonas?

Si confesamos nuestros pecados, él es fiel y justo para perdonarnos nuestros pecados, y limpiarnos de toda maldad.

1 Juan 1:9 (RVR60)

Oh, Padre, hoy he tenido que usar las palabras de la reconciliación: «Me equivoqué. ¿Me perdonas?». Las he usado muchas veces con mi esposo y con amigos, pero ahora debo también usarlas con mis hijos. Al atravesar esta etapa de cambios de mis hijos parece que debo utilizarlas con más frecuencia. Muchas veces infiero cosas que no son; confundo sus intenciones; me enfado rápidamente. El arrepentimiento restaura las relaciones. El perdón sana las fracturas que pueden destruir el amor. Por eso, quiero ser capaz de usar estas palabras con sinceridad. Confieso mi pecado y pido también tu perdón. Amén.

Necesidad de aprobación

Pues, ¿busco ahora el favor de los hombres, o el de Dios? ¿O trato de agradar a los hombres? Pues si todavía agradara a los hombres, no sería siervo de Cristo.

Gálatas 1:10 (RVR60)

Las expectativas son una carga pesada, Señor. A veces yo misma las pongo encima, en otras las recibo de los demás. Lo cierto es que busco la aprobación de los demás para sentir que tengo valor o para tener la fuerza para seguir adelante. Quiero escuchar que soy una buena madre. La aprobación es para mí importante. Pero todos tienen demandas y exigencias diferentes. Algunos piensan que hago bien si mis hijos duermen temprano, otros opinan que debo dejarlos dormir cuando quieran. Es solo un ejemplo sencillo, pero así sucede en cosas más importantes. Sin embargo, quiero ser como Pablo y quitar de mis hombros esta carga. Solo debo agradarte a ti. Líbrame del orgullo y dame la libertad de servirte al educar, criar y amar a mis hijos. Amén.

ORACIONES FINALES

Estoy bien

> *Corre a su encuentro y pregúntale: "¿Están todos bien, tú, tu esposo y tu hijo?" "Sí", contestó ella, "todo está bien".*
>
> 2 Reyes 4:26 (NTV)

Señor, ¿cómo supo la mujer sunamita que había esperanza en las circunstancias más devastadoras? Después de ser estéril, tuvo un hijo. Luego ese hijo murió. «Todo está bien», le dijo al siervo del profeta. Aunque ella sabía que el niño yacía muerto, confiaba en el Dios que le había concedido un bebé en primer lugar. El Dios fiel no se había marchado. Estaba segura de que tú no la desampararías. ¿Puedo expresar ese sentimiento cuando parece que el mundo se me cae encima? Tal vez no. Pero quiero recordar que incluso en las circunstancias más agonizantes, incluso si me siento abandonada, tú estás ahí. Estoy bien, Señor, solo porque tú estás conmigo.

Por unidad

Que el Dios que infunde aliento y perseverancia les conceda vivir juntos en armonía, conforme al ejemplo de Cristo Jesús.

Romanos 15:5 (NVI)

Padre de nuestro Señor Jesucristo, da paciencia y ánimo a mi familia. Ayúdanos a vivir en plena armonía, como corresponde a los que te seguimos. Permite que nos aceptemos unos a otros, reconociendo que somos diferentes y que tenemos muchas veces ideas y opiniones distintas. Pero eso no implica que no debamos respetarnos o amarnos. En especial te pido por las celebraciones en que nos juntamos, sean cumpleaños o días especiales como Navidad o Año Nuevo. Que la armonía reine, porque tú estás en medio de nosotros. Que busquemos apreciarnos, motivarnos y aprovechar la oportunidad de estar juntos dejando a un lado la tecnología, como el televisor o los celulares. Danos el deseo de estar presentes para los demás y fomentar la unidad. Amén.

ORACIONES FINALES

Perseverancia en la oración

En cuanto a mí, que el Señor me libre de pecar contra él dejando de orar por ustedes. Yo seguiré enseñándoles lo que es bueno y correcto.

1 Samuel 12:23 (NVI)

Señor, ¡cuánto aprendo de ti! Tu espíritu intercede por mí. Jesús intercede por mí. Si ellos piden por mí, ¿quién soy yo para no hacerlo por aquellos que amo? Si bien no puedo estar a su lado físicamente, puedo ponerlos delante de ti todos los días. Puedo interceder por ellos y clamar por sus corazones. Puedo insistir, como esa viuda ante un juez injusto, con perseverancia y fuerza. Como Samuel, hoy quiero prometer que no me daré por vencida. No cesaré de orar por mis hijos, mis nietos, mi esposo. Seguiré enseñándoles lo que es bueno y correcto, aunque a veces se cansen de escuchar. Dame las ganas y las fuerzas para no rendirme. Amén.

Por los solitarios

Dios ubica a los solitarios en familias; pone en libertad a los prisioneros y los llena de alegría.
Salmos 68:6 (NTV)

Padre de los huérfanos, defensor de las viudas, tú, mi Dios, estás en tu santa morada. Tú has creado las familias con el propósito de darnos un lugar seguro en esta tierra, pero hoy hay muchos solitarios en este mundo. Con dolor en mi corazón leo de niños abandonados, hijos de padres que han caído en la adicción y no pueden cuidarlos, personas que han sido desamparadas por los suyos. Mi Dios, sé tu hoy su morada; no olvides a los huérfanos y a las viudas. Pero también, si quieres que sea tus manos y tus pies en esta tierra, dame la sensibilidad para abrir mis brazos y recibir a los desprotegidos. Ensancha mi tienda y dame sensibilidad para cuidar de otros, así como tú me has acogido y me has llenado de ti. Amén.

ORACIONES FINALES

En tus tiempos

En tu mano están mis tiempos; líbrame de la mano de mis enemigos y de mis perseguidores.
Salmos 31:15 (RVR60)

Señor del tiempo, todo pasa en el momento correcto. Nada en mi vida ha sido antes o después. A veces he vivido temporadas muy ocupadas y de mucha actividad; en otras he experimentado una especie de pausa, donde parece que nada significativo ocurre. Sin embargo, en medio de lo que parece un caos, sigo estando en tus tiempos. Gracias, padre, por darme la oportunidad de vivir la primavera de la niñez, el verano de la juventud, el otoño de la adultez y ahora el invierno de la vejez. Gracias porque en cada temporada me has acompañado y he podido ver tu protección y cuidado. Gracias porque, aunque yo me he alejado, tú has estado siempre ahí, a la distancia de una oración, presto para venir a mi rescate. Gracias, Señor del tiempo. Amén.

Bienaventurada la que creyó

Y bienaventurada la que creyó, porque se cumplirá lo que le fue dicho de parte del Señor.

Lucas 1:45 (RVR60)

Ser madre ha sido un camino de fe, Dios invisible. La fe es ese fundamento sobre el cual se edifica todo lo que en este mundo vale la pena. Y la fe ha hecho que mi maternidad haya valido todo lo que he sufrido, gozado y experimentado. La fe ha sido la seguridad de aquello que no veo, pero que sé que es verdad. Sí, Señor, creo que existes y también creo que te importo lo suficiente para responder cuando te busco. Creo en una ciudad celestial, real y eterna, a la que pertenezco. Y mientras transito este mundo, soy una extranjera, pero que no está sola, que cuenta con un compañero fiel y una familia alrededor. Sí, Señor, creo. Y quizá hay cosas que no veré en mi vida terrenal, promesas no cumplidas en mi tiempo, pero sé que soy bienaventurada porque creo.

ORACIONES FINALES

Día de las madres

Todo lo que es bueno y perfecto es un regalo que desciende a nosotros de parte de Dios nuestro Padre, quien creó todas las luces de los cielos.

Santiago 1:17 (NTV)

Señor, desde siempre he tenido expectativas sobre el día de las madres. Cuando mis hijos eran pequeños, esperaba que mi cónyuge preparara algo especial. Cuando empezaron a crecer, guardé cada carta, dibujo y detalle. Ahora que son adultos, ruego que no olviden el día y, secretamente, ansío una sorpresa. Pero en muchas ocasiones me he llevado más de una desilusión. Siempre comparo «mi» celebración con la de otras amigas. Supongo que busco la recompensa terrenal, el agradecimiento de mis sacrificios, pero ¿cuándo me acuerdo de agradecerte a ti por ser mejor que mi padre y mi madre juntos? ¿Cuándo planeo para ti algo especial y significativo? Perdóname porque esto solo me hace comprender que soy ingrata. Así que, en lugar de esperar de los demás, enséñame a darme cuenta de que he recibido mucho, principalmente, tu amor.